Wiener Grätzl
Josefstadt

Stadtbekannt Medien GmbH (Hg) Wiener Grätzl - Josefstadt
www.stadtbekannt.at

Fotos Stadtbekannt Medien GmbH (sofern nicht anders angegeben)
Layout Stadtbekannt Medien GmbH
Druck Kontext Druckerei GmbH

Verlag © 2014 Stadtbekannt Medien GmbH
www.stadtbekannt.at

1. Auflage 2014
ISBN 978-3-9503869-0-5

INHALT

Für Josefine

VORWORT

Klein, aber oho, könnte man wohl trefflich über den Bezirk sagen. Aber weil dieser Spruch schon so abgeklatscht ist, haben wir tiefer gegraben und die verschiedenen Grätzl der Josefstadt mit eigenen Füßen, Augen und Ohren erkundet. Man muss den Dingen schließlich auf den Grund gehen.

Die erste Feststellung: Der achte Bezirk ist wirklich klein. Er ist sogar der kleinste unserer schönen Wiener Gemeindebezirke. Er ist aber auch wahnsinnig spannend und facettenreich - das macht ihm so schnell kein anderer nach. Kein Wunder, dass sich hier so manche Stars aus Kunst, Kultur, Wissenschaft, Wirtschaft und Politik tummeln. So trägt etwa die Wohnung des Herrn Bundespräsidenten die Postleitzahl 1080 - wenn das keine Liebeserklärung an die Josefstadt ist! Es ist nicht schwer zu erraten, aber eine Liebeserklärung ist auch dieses Buch.

So kunterbunt und vielfältig ist die Josefstadt, dass man sich tatsächlich fragt, wo das denn alles hinpasst. Aber es passt. Voll und ganz. Irgendwo zwischen Palais, Parks und Gemeindebauten passen auch Buchgeschäfte, Pubs, Museen und Blumenläden hinein. Dazu kommt, dass in der Josefstadt beinahe jede Ecke Geschichte atmet. Aus diesem Grund haben wir unsere Nasen nicht nur in das Hier und Jetzt, sondern auch in die Vergangenheit gesteckt - damit die wissenswertesten und lustigsten G'schichten des achten Bezirks auch weiterhin begeistern.

JOSEFSTÄDTER GESCHICHTE UND G'SCHICHTEN

Die Josefstadt von anno dazumal bis jetzt. Eine kleine Stadt inmitten der Großstadt, die seit jeher begeistert. Über die Jahre kann die Josefstadt auf einiges zurückblicken...

HISTORISCHES

Bevor man in die Tiefen der Josefstädter Geschichten eintauchen kann, muss man erst einmal ein paar grundsätzliche Dinge klären. Wie entstand dieser schöne Bezirk? Wo sind seine Grenzen? Und was hat Josef eigentlich mit dem Ganzen zu tun?

DIE ENTSTEHUNG DER JOSEFSTADT

Der Bezirk Josefstadt, wie wir ihn heute kennen, war nicht immer ein Bezirk. Bis Ende des 17. Jahrhunderts standen dort, wo sich nun Häuser, Straßen und Plätze aneinander reihen, hauptsächlich Weinstöcke und auf den Feldern gedieh das Getreide. Die Josefstadt - benannt nach dem Habsburger Kaiser Joseph I. - wurde im Jahre 1690 als Vorstadt Wiens gegründet. Langsam wuchs das Konglomerat an Häusern, obwohl die Gegend weiterhin landwirtschaftlich genutzt wurde. Erst im 19. Jahrhundert war der Übergang von Land zu Stadt vollendet.

Als im Jahr 1848 im Zuge von Reformen die Vorstädte von Bezirken abgelöst und die Adressen in ganz Wien amtlich vereinheitlicht wurden, entstand im Groben die heutige Josefstadt. Die Grenzen bilden nun der Gürtel im Westen, die Alser Straße im Norden, die Landesgerichts- bzw. Auerspergstraße im Osten sowie die Lerchenfelder Straße im Süden.

Obwohl die Josefstadt mit nur 1,08 Quadratkilometern der kleinste Wiener Gemeindebezirk ist, vereint sie Teile von insgesamt sechs ehemaligen Vorstädten:

- Josefstadt
- Altlerchenfeld
- Strozzigrund
- Breitenfeld
- Alsergrund (heute großteils 9.Bezirk)
- St. Ulrich (heute großteils 7.Bezirk)

Die meisten davon sind auf dem Josefstädter Bezirkswappen vertreten. Im Zentrum befindet sich der Heilige Josef als Symbol für die Josefstadt - obwohl der eigentliche Namensgeber keineswegs der Heilige, sondern Kaiser Joseph I. war. Die restlichen vier Wappen zeigen vier Lerchen (Altlerchenfeld), eine Elster (Alsergrund), die Heilige Maria (Breitenfeld) und das rot-weiß-rote Familienwappen der Grafen Strozzi (Strozzigrund). Nur St. Ulrich ist in dem Wappen nicht abgebildet.

MAKABERES

Nach außen hin glänzt die Josefstadt. Freundliche, wohlgeschmückte Gebäude von gründerzeitlicher Eleganz, gepflegte Läden, Kulturleben und traditionsreiche, kulinarische Genussstätten der alten Wiener Sorte bestimmen das idyllische Bild.

**Der Schein trügt. Tief drinnen im Herzen der Josef-
stadt lebt es, das Böse und Abgründige, sagenhaft
wie real. Und wo düstere Geschichte ihren Lauf
nimmt, da gibt es auch Geschichten zu erzählen.**

DIE HEUSCHRECKENPLAGE

Im dunklen Mittelalter, als der Bereich zwischen Lederergasse und Laudongasse noch Buchfeld hieß und von Feldern
überzogen war, kam es einst zu einem wüsten Überfall der
Heuschrecken. Als riesige schwarze Wolke nahte das Unge-
ziefer heran, und die Knechte und Mägde flohen in Entset-
zen vor der drohenden Plage.

Der Grundbesitzer, ein strenger und grausamer Mann,
brüllte seine Untergebenen wütend an, was sie sich denn
erlaubten. Er ließ sein Pferd satteln, seine Hunde holen und
ritt hinaus, um den Schwarm mit Schwert und Geschrei zu
verjagen. Die schwarze Wolke aus surrenden Flügeln und
gefräßigen Insektenleibern hatte ihn bald verschlungen.
Als am nächsten Tag der Schwarm weiterzog und das ver-
wüstete Feld preisgab, fanden die Knechte und Mägde den
Gutsherrn und sein Pferd - als Gerippe, kahlgefressen bis
auf die blanken Knochen!

„WO DIE JUNGFRAU ZUM FENSTER HINAUSSCHAUT"

Nicht immer waren Wiens Spitäler Orte der Genesung. Im

Gegenteil: Als um 1410 die Pest in der Hauptstadt grasierte und die Bevölkerung gnadenlos dahinraffte, waren die Spitäler kaum mehr als Häuser des Todes.

Auch das „Spital zu Siechenals" in der Josefstadt war solch ein trister Ort. Nun kam es, dass dem Spital gegenüber ein junges Mädchen wohnte. Tagaus tagein beobachtete sie das Treiben im Spital vom Fenster aus, und so fiel ihr eines Tages ein stattlicher junger Krankenpfleger ins Auge. Die beiden begannen zu flirten - mit Blicken nur, denn Arbeit und Sittlichkeit verboten alles andere - doch regelmäßig und mit wachsender Leidenschaft.

Eines Tages tobte ein heftiges Gewitter über Wien, so heftig, dass der Alserbach über die Ufer trat und am Haus des Mädchens vorbeilief. Einen Tag und eine Nacht sah sie nichts von ihrem heimlichen Geliebten. Erst frühmorgens, immer noch geduldig am Fenster ausharrend, erblickte sie ihn - tot in den Fluten des Sturzbaches treibend. Der Jüngling war an der Pest gestorben, und weil er sich im Krankenhaus des Diebstahls schuldig gemacht hatte, war er nicht begraben, sondern einfach ins Wasser geworfen worden.

Die erschütterte Jungfrau stürzte sich aus dem Fenster in den Bach hinab und ertrank. Es wird erzählt, ihr Geist hätte nie zur Ruhe gefunden. Ab und zu, wenn es gar stark regnet, soll man sie noch heute mit flehentlichem Blick am Fenster stehen sehen.

EIN KOPF IM MISTKÜBEL

Im Jahr 1960 machte eine stadtbekannte „Müllstierlerin"
eine grausige Entdeckung: In dem Mistkübel an der Ecke
Florianigasse / Lange Gasse fand sie einige in Zeitungspa-
pier eingewickelte Knochen, an denen noch Fleischreste
hingen. Die alte Frau brachte die Knochen nichts ahnend
einer Bekannten - für deren Hund, der Knochen ja so liebte.
Die Hundebesitzerin wurde argwöhnisch. Irgendwie kamen
ihr die Knochen ziemlich groß vor.

Wenig später hatte die Polizei bestätigt, dass es sich um
menschliche Gebeine einer jungen Frau handelte. Die Be-
amten suchten die Mistkübel der Umgebung ab und fanden
im Hof des Hauses Florianigasse 17 weitere Teile der Toten,
unter anderem den Kopf.

Der Mörder Johann Rogatsch hatte die Leiche nach der
abscheulichen Tat mit Axt, Säge und mehreren Messern
zerteilt und anschließend in Mistkübeln entsorgt. Aber auch
dem Mörder war kein langes Leben beschieden: Er wurde im
Gefängnis von einem Mithäftling mit bloßen Händen erwürgt.

DIE MÖRDERIN MIT DEM FLEISCHWOLF

Es war im blassen November 1952, kurz nach Mitternacht,
als ein einsamer Nachtwächter in der Alser Straße plötzlich
vor einem Delikatessengeschäft innehielt. Das Gitter stand

offen. Ein Einbruch? Der Mann sah nach - und machte einen entsetzlichen Fund. Am Boden lag, mausetot und in einer Blutlache, der Geschäftsbesitzer Johann Arthold. Jemand hatte ihn mit einem stumpfen Gegenstand erschlagen und ihm die Kehle durchgeschnitten.

Indizien und Zeugenberichte brachten die Ermittler auf die Spur einer jungen Frau, und nach und nach setzte sich das Puzzle zusammen: Die Frau hatte eine Affäre mit dem Mordopfer gehabt, die Tat penibel geplant. Als Mordwaffe diente ihr ein Fleischwolf, den sie vorher eigens im Geschäft "vergessen" hatte. Da die Aussagen der Täterin widersprüch-lich waren, wurde das Motiv niemals ganz geklärt.

Die berühmte Mordwaffe ist heute im Wiener Kriminalmuse-um ausgestellt.

PROMINENTES

Sehen und gesehen werden heißt es in der promi-nenten Josefstadt. Ob damals oder heute - der achte Bezirk war schon immer ein Hotspot für die A bis F Promis.

JOSEFSTÄDTER STIL

Dass das Theater in der Josefstadt ein allseits bekannter Treffpunkt der Wiener Theaterkultur ist, scheint kaum eine

Theater in der Josefstadt

Neuigkeit. Erwähnenswert ist hingegen, dass das altehrwürdige Theater durch seine Architektur und enge Bühnenkonstruktion einen ganz besonderen Spielstil hervorgebracht hat. Der "Josefstädter Stil" zeichnet sich durch besondere Ausdrucksstärke und Nähe zum Publikum aus - wienweit ein Unikum.

Einige der bekanntesten von diesem Stil inspirierten Schauspieler sind Hans Holt, Vilma Degischer und Leopold Rudolf. Auch Prominente wie Marlene Dietrich, Elfriede Ott, Helmut Qualtinger, Johann Nepomuk Nestroy und Hans Moser prägen die Liste großer Schauspieler in der kleinen Josefstadt. Als das Haus 1822 eröffnet wurde, komponierte Ludwig van Beethoven sogar die Eröffnungsmusik und war selbst als

Dirigent tätig.

DAS GRAUE HAUS

Denkt man an die Josefstadt, gibt es abseits von Theatern und Lokalen noch eine Adresse, die sich großen Andrangs erfreut. Ein reges Treiben herrscht im Gebäude und gerne dient es auch als Treffpunkt für Fernsehkameras und Journalisten. Österreichische Skandalnudeln wie Ex-BAWAG-Generaldirektor Helmut Elsner und Waffenlobbyist Graf Alfons Mensdorff-Pouilly durften sich bereits eines längeren Aufenthalts erfreuen.

Das unter Wienern als „Graue Haus" bekannte Gebäude, kann heute bis zu 1.057 Häftlinge beherbergen und macht, was Einzelzimmer betrifft, auch für Prominente Insassen keine Ausnahmen.

STARS UND STERNCHEN

Johann Lucas von Hildebrandt, ein einflussreicher Baumeister des Barock, verlebte seine alten Tage ebenfalls in der Josefstadt, genauer gesagt in der Schlösselgasse 12. Der Architekt prägte den 8. Bezirk maßgeblich, er erbaute unter anderem die Piaristenkirche Maria Treu, das Palais Schönborn und das Palais Auersperg, wo bereits Wolfgang Amadeus Mozart und Joseph Haydn ihre Künste zum Besten gaben.
Auch unser geliebter Bundespräsident Heinz Fischer residiert

in der Josefstädter Straße, gemeinsam mit seiner Frau Margit, und das nun schon seit über 30 Jahren. Dass er sein Büro in der Hofburg sogar zu Fuß erreichen kann ist natürlich schon toll.

Alle guten Dinge sind drei, da sollte man auch Oskar Werner nicht vergessen. Die Schauspiellegende, bekannt aus Film und Theater, verbrachte, wie so viele andere auch, seine letzten Lebensjahre in der Josefstadt. Sein Wohnhaus wurde nach seinem Tod nach ihm benannt. Hier befindet sich auch jene Buchdruckerei, in der schon Franz Grillparzer einige seiner Werke drucken ließ.

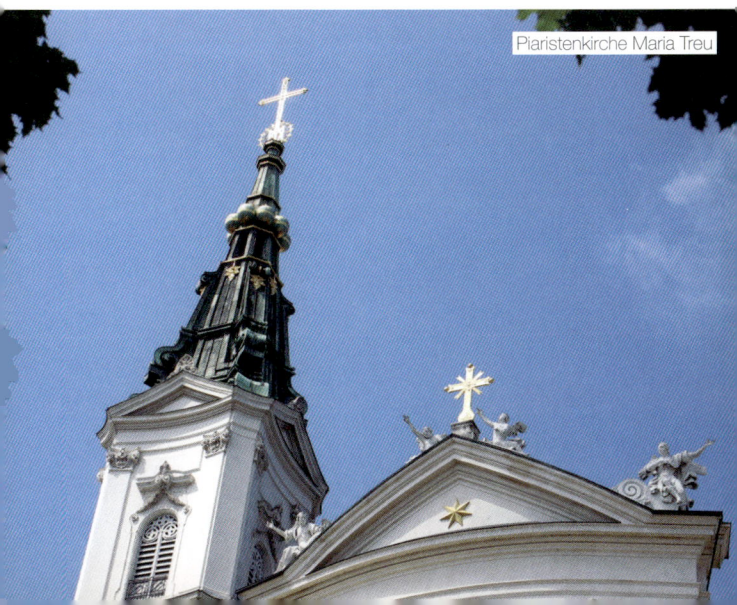

Piaristenkirche Maria Treu

BAUWERKE UND SEHENSWÜRDIG-KEITEN

Die namenlose Siedlung ist schon lange Geschichte. Dafür gibt es heute schon fast zu viele namhafte Parks, Gärten, Kirchen und Palais, um sie in diesem Büchlein festzuhalten. Eine Wohltat für die Sinne ist es, hier im Achten zu flanieren, wo die Grenzen zwischen den Bezirken, zwischen Alt und Neu, Grün und Bebaut so kunstvoll verschmelzen wie sonst nirgendwo.

PALAIS

Residieren, feiern, besichtigen - die Wiener Palais haben sich von fürstlichen Anwesen zu Wohnungen, Party-Stätten oder Museen entwickelt und haben von singenden Jungs bis hin zu Soldaten schon so einiges beheimatet. Fakt ist, dass sie nach wie vor ein prunkvolles Aushängeschild für das schöne Wien sind und auch in der Josefstadt die Straßen verschönern.

PALAIS AUERSPERG
Auerspergstraße 1

Zwischen 1706 und 1710 ließ sich Hieronymus Capece de Rofrano - der übrigens der Titelfigur der Oper „Der Rosenkavalier" zum Vorbild diente - auf dem Grund des niedergebrannten Rottenhofes ein stattliches Palais errichten.

Stil und Pläne lassen vermuten, dass Bernhard Fischer von Erlach (er entwarf auch die Wiener Karlskirche) und Johann Lucas von Hildebrand (von ihm stammen etwa das Schloss Belvedere und das Palais Schwarzenberg) mit dem Bau betreut wurden.

Erst 1777 kam das Palais in den Besitz der Familie Auersperg. Rasch wurde es zur Event-Location schlechthin. Musik, Theateraufführungen, Bälle, rauschende Feste und köstliche Tafeln - hier mangelte es kaum an adeligen Vergnügungen. Auch ein Garten mit Orangerie gehörte zu dem Anwesen.

Das Palais wechselte ab 1923 häufig den Besitzer. Während des zweiten Weltkrieges beherbergte es die Widerstandsgruppe O5, später zog ein Kaffeehaus ein. Heute ist das Palais vor allem als Veranstaltungsort für Bälle und Feste bekannt.

PALAIS STROZZI
Josefstädter Straße 39

Dieses Bauwerk ist ein versteckter Schatz: Hinter unauffälliger Fassade, verborgen im Hinterhof des ehemaligen Finanzamtes Josefstadt, wartet es auf neugierige Stadtbummler.

Einst die von reichen grünen Gärten umgebene Sommerresidenz der Gräfin Maria Katharina Strozzi, wurde es später das Zuhause diverser Adeliger. Um 1840 wurde das Anwesen schließlich vom Staat übernommen und in das „K.u.K. Civil-Mädchen-Pensonat" umgewandelt, eine Internatsschule für angehende Erzieherinnnen.

Als 1853 die neue Kavalleriekaserne in der Josefstadt eröffnet wurde und junge Offiziere in das Gebäude gegenüber einzogen, war der Skandal perfekt. Darum wurde der unerhörten Flirterei bald ein Riegel vorgeschoben: Man baute einfach einen neuen Trakt zwischen das Pensionat und die Kaserne. Diesen sieht man, wenn man heute die Josefstädter Straße 39 passiert.

Dem Mädchen-Pensionat folgte ab 1919 eine Einrichtung zur Invalidenfürsorge, anschließend zog das Finanzamt für die Bezirke 8,16 und 17 ein. Seit 2012 erfüllt das Finanzzentrum Wien Mitte diese Funktion.

PALAIS SCHÖNBORN
Laudongasse 15

Das Palais Schönborn, nicht zu verwechseln mit dem innerstädtischen Palais Schönborn-Batthyány, befindet sich grenzend an den Schönbornpark in der Laudongasse. Heute ist es vor allem als Herberge des Österreichischen Museums für Volkskunde bekannt.

Im Jahr 1714 wurde das Gartenpalais für den Fürstbischof und Reichsvizekanzler Friedrich Carl von Schönborn fertiggestellt. Der wohlhabende Mann sammelte hier zahlreiche Gemälde - unter anderem Rembrandts schauriges Bild „Die Blendung Simsons". Im Garten züchtete er kostbare Tulpen.

Nach Schönborns Tod wurde das Palais unter anderem von einer Schauspielschule, der Hochschule für Bodenkultur und dem Oberlandesgericht genutzt, bis es schließlich 1920 in das Museum für Volkskunde umgewandelt wurde. Der Garten wurde weitestgehend verbaut, ein kleiner Rest blieb jedoch in Form des Schönbornparks erhalten!

PALAIS DAMIAN
Lange Gasse 53

Das Palais Damian hat von einer Gaststätte bis zu den Wie-

ner Sängerknaben schon so einiges beheimatet. Heute ist es Sitz des österreichischen Kriegsopferverbandes und seit 1936 im Besitz der Gemeinde Wien.

Ursprünglich als Gartenpalais für Karl August von Damian, einen wohlhabenden Holzhändler, errichtet, wechselte das Palais Damian schon im 18. und 19. Jahrhundert sehr häufig seine Besitzer und wurde mehrmals umgebaut. Da als Gartenpalais konzipiert, gab es offene Arkaden und einen wunderschönen Garten. Heute ist das barocke Palais von einer Mauer umgeben und strahlt mit einem zusätzlichen Stockwerk umso mehr.

PALAIS FÜRTH
Schmidgasse 14

1886 wurde es nach dem Entwurf des Schweizer Architekten Hans Wilhelm Auer errichtet und beherbergte bis in die 1930er Jahre ein privates Sanatorium. Der Eigentümer nahm sich nach dem Einmarsch der Deutschen im Jahre 1938 gemeinsam mit seiner Frau das Leben und das Palais ging in die Hände des Staates. Ab 1945 wurde es als Außenstelle der US-amerikanischen Botschaft genutzt, bis schließlich im Jahre 2005 die Rückgabe an die Erben der Familie Fürth stattfand.

Heute sind im Palais Fürth Luxuswohnungen untergebracht, die zu den teuersten Immobilien Wiens gehören, privater Fürstengarten und private Wasseranlagen inklusive.

KIRCHEN

Sie dienen nicht nur als Gebäude für christliche Feierlichkeiten, sie sind auch in Architekten- und Künstlerkreisen beliebte Anschauungsobjekte. Kirchliche Prunkbauten gibt es im Achten auf offenen Plätzen, neben kleinen Parks und in den verstecktesten Gassen.

PIARISTENKIRCHE MARIA TREU
Jodok-Fink-Platz

Zentral und exponiert steht die Barockkirche Maria Treu am Jodok-Fink-Platz, eingerahmt von ehemaligen Klostergebäuden und hofiert von einer zierlichen Mariensäule. Zwischen 1698 und 1719 erbaut, gehören Kirche und Anbauten seit jeher dem Orden der Piaristen, die sich besonders der Erziehung verschrieben haben. Auch heute wimmelt es hier oft nur so von Kindern - immerhin sind in den Trakten ein Kindergarten, eine Volksschule und ein Gymnasium untergebracht.

Die Kirche ist architektonisch und auch künstlerisch interessant: Zum einen besitzt sie die älteste hervorgewölbte Fassade (Konvexfassade) Wiens, zum anderen zieren Deckenfresken des berühmten Barockmalers Franz Anton Maulbertsch den Innenraum.

Das Gnadenbild „Maria Treu", nach dem die Kirche benannt wurde, befindet sich am Hochaltar.

ALSERKIRCHE (DREIFALTIGKEITSKIRCHE DER MINORITEN IN WIEN)
Alser Straße 17

Die frühbarocke Alserkirche wurde zwischen 1694 und 1704 erbaut und beherbergte zunächst den Orden der Trinitarier, ehe dieser aufgelöst wurde und 1784 auf Anordnung Kaiser Josephs II. die Minoriten in das Kloster neben der Kirche übersiedelten.

Dem Minoritenkloster unterstanden einst das Allgemeine Krankenhaus, ein Gebärhaus, ein Findelhaus und ein Gefangenenhaus. Es überrascht demnach kaum, dass die Pfarre über eines der größten Archive von Tauf- und Sterbematrikeln Europas verfügt. Auch Ludwig van Beethovens Tod am 26.3.1827 in Wien ist hier vermerkt.

BREITENFELDER PFARRKIRCHE
Florianigasse 70

Die Breitenfelder Pfarrkirche wurde zwischen 1893 und 1898 im Gedächtnis an den 1835 verstorbenen Kaiser Franz I. errichtet. Möglich machten das teure Projekt zahlreiche Spenden aus der gesamten Monarchie, die von einem Kirchenbauverein gesammelt wurden.

Beinahe zeitgleich mit der Fertigstellung begann gegenüber dem Kirchenhauptor die Stadtbahn (heute U6) auf dem Gürtel-Viadukt zu fahren - eine Tatsache, die damals viele Breitenfelder störte. Wer wollte schon beim aus-der-Kirche-kommen die lärmende neumodische Bahn hören? Stilistisch ist die Kirche stark an der lombardischen Frührenaissance orientiert. Rötliche Rohziegel und italienische Ornamente kennzeichnen die Architektur von außen, innen ist der Bau hell und geräumig.

MITTEN IM ACHTEN - GEMEINDEBAUTEN?

Der wunderschöne achte Bezirk mit seinen stuckverzierten Hausfassaden und prachtvollen Zinshäusern beheimatet auch ein paar andere Zeitgenossen. Die Gemeindebauten. Es sind zwar nicht so viele wie

anderswo, aber durchaus eine Erwähnung wert. Und so rar die sozialen Wohnbauten im Achten auch sind, lohnt sich für einige doch eine nähere Betrachtung. Also, liebe neugierige Josefstadt-Erkunder, haltet die Augen offen und lauft nicht an ihnen vorbei!

DR.-KRONAWETTER-HOF
Pfeilgasse 47-49

Der vierstöckige Kronawetter-Hof aus dem Jahr 1926 beherbergt 65 Wohnungen. Mächtig und grau präsentiert sich dieser Koloss von einem Gemeindebau, doch wer genauer hinschaut, erkennt die sparsamen floralen und geometrischen Ornamente.

Der Bau steht unter Denkmalschutz. Er wurde nach Ferdinand Kronawetter benannt, einem engagierten Stadtpolitiker des 19. Jahrhunderts, der sich unter anderem für den Bau der Wiener Wasserleitung und die kommunalisierte Straßenbahn einsetzte.

OSKAR-WERNER-HOF
Lenaugasse 19

Einer der wenigen Gemeindebauten mit Bausubstanz aus dem 18. und 19. Jahrhundert ist der Oskar-Werner-Hof in der Lenaugasse. Der in mehrere Trakte gegliederte Komplex hatte in seiner langen Geschichte einige prominente Bewohner - unter anderem lebten hier die Schriftsteller Anton Wildgans und Franz Grillparzer. Erwähnenswert ist an dem Bauwerk vor allem die historische Gartenanlage mit ihrer unter Naturschutz stehenden Esche.

Oskar-Werner-Hof

Seit 1994 ist der Hof nach dem österreichischen Film- und Theaterschauspieler Oskar Werner benannt.

FABERHOF
Pfeilgasse 42

Er ist nicht groß, dafür umso origineller. Vor allem der Sockel aus dekorativem Ziegel und die halbrunden Glasfenster im Mezzanin verleihen dem Gebäude Flair. Die Fenster sind gegliedert, nach innen und außen versetzte Balkone strukturieren die oberen Stockwerke. Im Innenhof befindet sich ein kleiner Brunnen mit der Plastik „Knabe mit Vogel" von Edmund Klotz.

Der 1927 fertiggestellte Bau umfasst nur 15 Wohnungen. Dafür befindet sich im Mezzanin ein geräumiger Turnsaal, der von der benachbarten Schule genutzt wird.

LUDO-HARTMANN-HOF
Albertgasse 13-17

Der auffällige fünfstöckige Gemeindebau gegenüber dem BRG Albertgasse wurde von Cesar Poppovits entworfen und 1925 errichtet. Sofort sticht der von keramikverkleideten Palmenstämmen eingefasste Arkadengang ins Auge, der den kleinen, zur Straße hingewandten Hof umgibt. Grüne Laternen und schmiedeeiserne Elemente verstärken den exotisch-eleganten Eindruck.

Die oberen Stockwerke sind eher unauffällig gestaltet. Der Ludo-Hartmann-Hof birgt insgesamt 74 Wohnungen.

PARKS UND GÄRTEN

Zugegebenermaßen - viele öffentlich zugängliche Grünflächen hat die Josefstadt nicht. Trotzdem gibt es für alle, die zum Kinder-Austoben-Lassen oder Entspannen nicht in andere Bezirke auswandern wollen, ein paar kleine, feine Ausflüchte ins Grüne.

SCHÖNBORNPARK
Florianigasse / Lange Gasse

Der gerade 1 Hektar große Park grenzt direkt an das Palais Schönborn, die Lange Gasse und die Florianigasse. Große Käfige zum Ballspielen sowie drei Kinderspielplätze, einer davon am Dach eines ehemaligen Bunkers, machen den Park zu einer Spieloase für die Kleinen und die Junggebliebenen. Aber auch ruhigere Gemüter werden sich hier wohlfühlen: Die barocke Gartenlandschaft samt Springbrunnen wirkt idyllisch und trotz wenig Platz erstaunlich geräumig. Viele Sitzgelegenheiten laden zum Verweilen in der Sonne ein und wer auch Haustiere hierher ausführen will: Gleich angrenzend befindet sich eine Hundezone.

TIGERPARK
Tigergasse / Pfeilgasse

Nur 1.600 Quadratmeter Parkfläche umfasst der erst 1995 entstandene Tigerpark, aber eigentlich hat er fast alles, was man zur Zufriedenheit im Park braucht: ruhige Bänke, grüne Hecken, Blumen und einen Kinderspielplatz. Anrainer schät-

Tigergarten

zen den Tigerpark als kleine grüne Oase und nächstgelegenen Ort zum Entspannen.

Ein Spazierweg und ein Radweg verlaufen quer durch den Park, die umgebenden Gehwege sind gestalterisch mit dem Park verschmolzen. Unter dem Tigerpark befindet sich eine Tiefgarage.

TIGERGARTEN
Tigergasse / Pfeilgasse

Eine Besonderheit des kleinen Tigerparks ist der 2012 ins Leben gerufene Tigergarten. Als eine Form von urban gardening pflegen verschiedene Familien und Kleingruppen Hochbeete mit Gemüse und Kräutern. Dass das Projekt nicht nur in der Nachbarschaft gut ankommt, zeigt auch die Tatsache, dass es schon in der Planungsphase den "Klimaschutzpreis des 8. Bezirks" erhalten hat.

HAMERLINGPARK
Hamerlingplatz

Dieser nette Park im Achten misst etwa 6.000 Quadratmeter und teilt sich in einen Kinderspielplatz, einen Ballspielplatz, einen Kleinkinderspielplatz und eine große, von Bäumen eingefasste Wiese mit einem Weg und Bänken rundherum. Ideal für Kaffee und Frühstückszeitung oder den Mittagspausen-Snack!

Immer wieder finden im Hamerlingpark auch Veranstaltungen für die ganze Familie statt.

VERBORGENE SCHÄTZE

Durch die Josefstadt wandern hat etwas Magisches. Man betritt die Straßen, Parks und Palais und fühlt sich sogleich versetzt in eine Zeit, als die Fürsten noch auf ihren Kutschen dahinglitten und die Häuser in ihrem Prunk um die Wette strahlten. Wenn man einmal von dem geschäftigen Alltagstreiben aufblickt und mit offenen Augen durch die Josefstadt wandert, dann entdeckt man ganz wundersame Örtchen und verborgene Kleinigkeiten.

DENKMÄLER, BRUNNEN UND KUNSTOBJEKTE

Artefakte und Erinnerungen an frühere Zeiten gibt es in der Josefstadt in Form von Brunnen, Statuen und sonstigen Denkmälern. Aber auch etwas neumodischere Kunstobjekte schmücken hier die Plätze. Insgesamt befinden sich 105 denkmalgeschützte, unbewegliche Objekte im achten Bezirk. Eine kleine Auswahl gibt's auf den folgenden Seiten.

BÄCKERKREUZ
Florianigasse 13

Das Bäckerkreuz ist eine steinerne gotische Kreuzsäule aus dem frühen 16. Jahrhundert. Sie ist das älteste Denkmal in der Josefstadt und bereits stark verwittert. Ursprünglich stand das Bäckerkreuz vor dem alten „Bäckerhäusel" an der Ecke Währingerstraße / Boltzmanngasse. Als dieses abgerissen wurde, siedelte das Denkmal um - und steht seit 1933 im Innenhof des heutigen Bäcker-Innungshauses in der Florianigasse.

N.I.C. - NATURE IS COOL
Laudongasse / Lange Gasse

Wie auf einer unsichtbaren Schnur aufgefädelt stehen die drei metallenen Kugeln schräg aufeinander getürmt da, jede von ihnen etwa einen Meter im Durchmesser. Eine eigentlich unmögliche Konstruktion, die schwebende Leichtigkeit und schlichte Eleganz ausstrahlt. Die kugelige Skulptur von Kurt Hofstetter trägt den Namen „Nature is cool" und wurde 2009 enthüllt.

MARIENSÄULE
Jodok-Fink-Platz

Die imposante, zierliche Säule wurde 1713 von Georg Konstantin Freiherr von Sinnich zum Dank für die überstandene Pestepidemie gestiftet und steht seitdem zentral positioniert vor der Piaristenkirche Maria Treu.

Auf einem reich geschmückten Kapitell thront triumphierend die Jungfrau Maria mit Heiligenschein auf einer gehörnten goldenen Kugel. Putten und Wolkenspiralen steigen zu ihr empor. Neben dem Sockel stehen drei Figuren, die den Heiligen Josef, die Heilige Anna sowie den Heiligen Joachim darstellen. Kleinere Engel und Ritter umgeben die Säule, entweder Wappen tragend oder betend. Ein typisches Bauwerk des Barock.

STEHENDE FIGUR
Friedrich-Schmidt-Platz

Die Bronzeplastik mit dem Namen „Stehende Figur" von Fritz Wotruba ziert seit 1968 den Friedrich-Schmidt-Platz. Das abstrakt geometrische, kubistisch inspirierte Objekt erinnert an ineinander gestapelte Kisten, Bücher, Würfel oder alles zusammen.

BRUNNEN TULPENGASSE
Tulpengasse

Die kurze Wiener Tulpengasse verbindet Schlösselgasse und Landesgerichtsstraße. Hier befindet sich ein kleiner, freund-

EN VIII. BEZIRK

Wachsamkeitsbrunnen

licher Steinbrunnen. Der denkmalgeschützte Wasserspeier befindet sich gleich bei der Wiener-Schlosserinnung.

WACHSAMKEITSBRUNNEN
Schlesingerplatz

Er wurde 1779 mit dem Geld der Niederösterreicher gebaut. Ursprünglich stand der Wachsamkeitsbrunnen nicht am Schlesingerplatz, sondern in der Alser Straße. Erst im Jahr 1937 wurde der Brunnen mit der Göttin der Wachsamkeit in der Mitte vor das Bezirksamt des 8. Bezirks übersiedelt. Die Schriftrolle in der linken Hand und der Kranich in der rechten Hand stehen für Wachsamkeit und Fürsorge.

JOSEFSTADT FÜR ALLE

Die Josefstadt ist spannend und facettenreich. Von Glücksschweinen bis Hüten in Museen, von deutschen und englischen Theatern, von Sport- und von Spielstätten erzählen die kommenden Seiten. „Wo macht man was?" und „Wer macht was wo?" müssen keine in den Wind gestellten Fragen mehr sein. Denn wo in der Josefstadt man was alles tun und lassen kann, seht ihr hier!

FÜR KULTUR-LIEBHABER

Wer in diesem Büchlein noch nicht genug Geschichten und Erzählungen rund um die Josefstadt finden konnte oder einfach noch viel mehr wissen möchte, der sollte vielleicht eines der Museen in diesem schönen Bezirk besuchen. Dort wird nämlich nicht nur Wissenswertes über die Umgebung, sondern auch zu verschiedensten anderen Themen anschaulich präsentiert.

ÖSTERREICHISCHES MUSEUM FÜR VOLKSKUNDE
Palais Schönborn, Laudongasse 15-19 | www.volkskundemuseum.at

Wer sich auf eine Zeitreise quer durch die Kultur- und Alltagsgeschichte der Donaumonarchie begeben möchte, ist hier bestens aufgehoben. Was trug die Bäuerin aus Schlesien bei der Arbeit? Womit spielten die Kinder vor zweihundert Jahren? Und woraus bestand eine typische Hausapotheke? Diese und ähnliche Fragen beantworten die umfangreichen Sammlungen. Stundenlang kann man hier Möbel, Gewänder, Werkzeuge, Musikinstrumente, Spielsachen sowie allerlei Gebrauchsgegenstände von anno dazumal bestaunen. Interessante Sonderausstellungen ergänzen das Angebot.

BEZIRKSMUSEUM JOSEFSTADT
Schmidgasse 18 | www.bezirksmuseum.at

Das Josefstädter Bezirksmuseum besteht aus einer Dauerausstellung, die Besuchern die Geschichte des Bezirks sowie kulturelle Artefakte näherbringt, und wechselnden Sonderausstellungen. Früher war das Bezirksmuseum ebenjenes Gebäude, das als Gemeindehaus des Wiener Vorortes Josefstadt diente. Das Bezirksmuseum selbst ist also ein Artefakt aus den Anfängen des Bezirks.

ALTE BACKSTUBE
Lange Gasse 34 | www.backstube.at

Das Haus mit der Adresse Lange Gasse 34 fällt einem sofort ins Auge: Ein großes Schild verkündet „Alte Backstube". Bevor man die geschichtsträchtigen Räumlichkeiten betritt, zahlt es sich aus, einen kurzen Blick in den malerischen Pawlatschenhof zu werfen. Dann kann man auch schon eintauchen in die Welt des Backens.

Alte Backstube / Pawlatschenhof

Seit 1701 wurde hier ein Backhaus-Betrieb geführt, bis er 1963 eingestellt werden musste. Glücklicherweise konnten die alten Backöfen vor dem Abbruch gerettet werden und sind heute Teil eines Heimatmuseums, das Werkzeuge und Brauchtum der alten Bäcker präsentiert.

KAISER FRANZ JOSEPH HUTMUSEUM
K.U.K. WEINSCHATZKAMMER - PIARISTENKELLER
Piaristengasse 45 | www.piaristenkeller.at

Ursprünglich als Stiftskeller in Verwendung, war das verzweigte Gewölbe zu Kaisers Zeiten Treffpunkt der Offiziere der Josefstädter Kavalleriekaserne. Dank dumpfem Licht, hölzernen Paravents und schmiedeeisernem Tischschmuck fällt es leicht, sich in diese Epoche zurückzuversetzen. Doch der Piaristenkeller ist nicht nur ein Restaurant.

Mit ein paar Schritten gelangt man ins Kaiser Franz Joseph Hutmuseum. Noble k.u.k. Kopfbedeckungen, vom militärischen Reit- bis zum pompösen Damenhut, warten nur darauf, ein ihnen würdiges Haupt zu zieren. Mit dem Gefühl, gut behütet worden zu sein, schmeckt die Fasansuppe gleich besonders fein.

Ein abschließender Besuch in der verwinkelt-geheimnisvollen k.u.k. Weinschatzkammer macht den Abend im Piaristenkeller vollkommen. Angeboten werden auch Erlebnisführungen, Weinverkostungen und Hochzeitsbräuche wie das „Fasslrutschen".

GLÜCKSSCHWEINMUSEUM
Florianigasse 54 | www.dfw.at

Der eine oder andere stutzt und muss kurz stehen bleiben ob des ein wenig seltsamen Anblicks, der sich bietet, wenn man die Nummer 54 der Florianigasse passiert. Denn im Schaufenster stapelt sich ein Schweinchen auf das andere: Ob groß, klein, dick, dünn, ob unschuldig mit Plüschohren oder versaut grinsend – es wirkt wie ein kurioses Treffen aller erdenklichen Arten von Schweinen. Es handelt sich um das Glücksschweinmuseum.

Tritt man ein, trifft man mit hoher Wahrscheinlichkeit auf die Künstlerin Ilse Kilic, die ihr sogenanntes „Fröhliches Wohnzimmer" mit Fritz Widhalm seit 1986 betreibt. Ihre gemeinsam publizierten Bücher sowie diverse Bilder – natürlich alle dem rosa Nutztier verschrieben – können hier erstanden werden. Die Schweinchen-Figuren sind allerdings Museumsstücke und leider unverkäuflich.

WIENER SCHUHMUSEUM
Florianigasse 66 | www.schuhmuseum.at

Hier findet man sie, die Stars unter den Schuhen: Kaiser Franz Josephs Reitstiefel, Sisis Stiefeletten, berühmte Fußballschuhe, frühe Bergschuhe und Skischuhe, Urzeit-Schuhe, Eislaufschuhe, Clownschuhe, Helmut Zilks Lieblingsschuhe sowie eine Vielzahl eleganter wie kostbarer Design-Damenschuhe - kaum ein Treter fehlt hier. Auch das Handwerk des Schusters wird anschaulich vorgestellt.

Fazit: Das Wiener Schuhmuseum ist wirklich ein besonderes Kleinod in der hiesigen Museumslandschaft.

FÜR THEATER-FREUNDE

Ein Abend in der Josefstadt kann auf so viele verschiedene Weisen verbracht werden, die Auswahl ist sehr vielfältig. In diesem Kapitel widmen wir uns den Theatern, die auf wundersame Weise immer wieder Neues und Abwechslungsreiches auf ihre Bühnen bringen. Auf dass wir uns an dem Schauspiel erfreuen mögen!

THEATER IN DER JOSEFSTADT
Josefstädter Straße 26 | www.josefstadt.org

Es hat Tradition. Es ist bekannt und nobel. Es ist eine echte Wiener Institution: Seit 1788 gibt es das Theater in der Josefstadt, was es zum ältesten noch bespielten Theater Wiens macht. Auch heute noch ist es gemeinsam mit Burg- und Akademietheater eine zentrale Anlaufstelle für Kulturbegeisterte.

Namhaften Persönlichkeiten wurde hier bereits eine Bühne geboten. So etwa Ferdinand Raimund und Johann Nestroy, die als Schauspieler regelmäßig in der Josefstadt auftraten. Nachdem 1822 das gesamte Gebäude - das Theater war zu klein geworden - neu errichtet wurde, komponierte Ludwig van Beethoven die Musik zur feierlichen Eröffnung. In den 1920er Jahren begann in der Josefstadt die Ära Max Reinhardt. Bis zu seiner Emigration 1937 verhalf er dem Haus zur neuen kulturellen Hochblüte. Im zweiten Weltkrieg wurde das Theater von den Nazis übernommen und gesperrt, aber schon 1945 nahm die Josefstadt den Spielbetrieb wieder auf. Viele Namen berühmter Schauspieler sind seitdem und bis heute mit dem Theater verknüpft.

VIENNA'S ENGLISH THEATRE
Josefsgasse 12 | www.englishtheatre.at

Obwohl das Vienna's English Theatre erst Mitte des 20. Jahrhunderts entstand, war es ein Pionier der besonderen Art, öffnete es doch als erstes nicht in Großbritannien gelegenes englischsprachiges Theater Europas überhaupt seine Pforten. Ursprünglich war geplant, nur den Sommer über zu spielen und so für die Unterhaltung englischsprachiger Touristen zu sorgen - aber die Wiener schlossen das Theater bald ins Herz, und als es 1974 an seine heutige Adresse übersiedelte, waren die Vorstellungen ausgebucht.

Heute werden im Vienna's English Theatre bevorzugt Komödien, Klassiker, Krimis und Improvisationsstücke sowie vereinfachte Fassungen für Schulklassen gespielt.

KABARETT NIEDERMAIR
Lenaugasse 1A | www.niedermair.at

Genug vom Ernst des Lebens oder der schweren Tragik alter Theaterklassiker? Dann ab ins Kabarett! Das Niedermair ist eine wohletablierte Bühne in Wien, die einigen bekannten

Künstlern als Ort des Durchbruchs diente. So zum Beispiel Alfred Dorfer, Roland Düringer, Andrea Händler, Josef Hader oder Thomas Maurer.

Weniger bekannt ist, dass neben Kabarettprogrammen auch Stücke für Kinder gespielt werden, die den Kleinen auf liebevolle Weise die Welt des Theaters näherbringen.

THEATRO KOSILO
Neudeggergasse 14 | www.kosilo.at

Mit nur 18 Sitzplätzen und einer Bühnenfläche von nur ein paar Quadratmetern ist das Theatro Kosilo Wiens kleinstes Theater. Gegründet wurde es von dem Künstler Walter Kosar, der auch für das legendäre Briefkabarettprogramm „Blöde Briefe an g'scheite Leut" verantwortlich ist.

Ebenfalls im Repertoire des Theatro Kosilo sind maßgeschneiderte Stücke und Kabarettprogramme für Unternehmen sowie Auftritte auf Weihnachtsfeiern oder Straßenfesten. In kreativen Seminaren können Geschäftsleute lernen, ihre sozialen Kompetenzen durch Theaterspielen zu verbessern. Und damit nicht genug - auch Kindertheater, Clownereien und Feuerakrobatik stehen hier auf dem Programm.

FÜR VERSPIELTE

Gesellige Leute sind sie, die Josefstädter. Und das muss auch so sein, denn die Auswahl an Lokalen, wo man seiner Spiellust freien Lauf lassen kann, ist nicht schlecht, das Repertoire an Brett-, Karten- und Gesellschaftsspielen ist beinahe unerschöpflich. Wer also auf Bingo-Abende abfährt oder gern sein Bier vom Fass trinkt, während er eine Partie Mensch ärgere Dich nicht verliert, weiß nun, wo er hingehen muss.

CAFÉ BENNO
Alser Straße 67 | www.cafebenno.at

Das kleine Café Benno ist ein Ort, an dem man ausgesprochen gerne trinkt und spielt, auch manchmal gerne isst. So lässt sich ganz leicht ein ausgedehnter Abend verbringen. Entweder mit den vor Ort angebotenen Spielen, mit selbst mitgebrachten, oder in geselliger Runde an einem der Themenabende. Online kann man sich über das Spiele-Repertoire informieren.

BROT & SPIELE
Laudongasse 22 | www.brot-spiele.co.at

Allseits bekannt, wohletabliert und immer noch spritzig präsentiert sich das Brot & Spiele, eine klassische Anlaufstelle für gesellige Spielsüchtler. Mehr als 100 Spiele stehen dem geneigten Gast zur Auswahl. Zusätzlich veranstaltet das verspielte Lokal auch Spiel-Turniere, wie etwa die mittwöchliche Trivial Pursuit Challenge oder das donnerstägliche Bingo.

Für Hungrige gibt es überbackene Brote und kleine, feine Snacks, sonntags kann man sich hier Waffeln selber machen.

SPIELBAR
Lederergasse 26 | www.spiel-bar.at

Neben den klassischen Wirtshausspielen wie Darts oder Wuzzeln sind hier auch ganz andere Spiele Tradition. Besonders am Sonntag geht es heiß her, wenn kollektiv das Lügen-und-Täuschungs-Rollenspiel „Die Werwölfe von Düsterwald" gespielt wird.

Und weil es sich hungrig nicht gut spielt, gibt es bis 1:00 Uhr nachts gehaltvolle Tex-Mex-Spezialitäten mit viel Mais, Chili, Bohnen, Zwiebel und Fleisch.

WIENXTRA SPIELEBOX
Albertgasse 37 | www.spielebox.at

In der Spielebox warten über 6.000 alte, neue, bekannte, unbekannte, kluge, skurrile und originelle Spiele nur darauf, entliehen und gespielt zu werden. Spielebegeisterte zahlen pro Tag und Spiel nur 0,25 Euro Entlehngebühr. Eingeschriebene Vielspieler erhalten sogar noch günstigere Tarife.

Die Spielebox veranstaltet immer wieder Spieleabende für Kinder und Familien. Besonders groß ist hier auch das Angebot von lehrreichen, pädagogisch wertvollen Spielideen.

LA BOULE
Pfeilgasse 8 | www.laboule.at

Wenn's ums Spielen geht, dann kommen im La Boule Dart- und Billard-Liebhaber ganz besonders auf ihre Kosten. Das Lokal in der Pfeilgasse wird fleißig von den im Pfeilheim wohnenden Studenten frequentiert, somit gibt es selten einen besucherarmen Abend. Genug Platz ist aber trotzdem und auf den Sofas kann man es sich auch wirklich gemütlich machen. Die Getränke- und Speisekarte erfreut mit durchgehend studentischen Preisen.

FÜR SPORTLICHE

Der Achte kann zwar nicht mit ausgedehnten Parkanlagen und Laufrouten auftrumpfen, aber auf der faulen Haut sitzen muss man auch hier nicht. Tischtennis, Fitnesscenter und zahlreiche weitere schweißtreibende Beschäftigungstherapien sorgen ganzjährig dafür, dass jede Altersgruppe zu ihrer gesunden Bewegung kommt.

CROSSFIT VIENNA - THE DUNGEON
Josefstädter Straße 76 | www.dungeon.crossfitvienna.at

Crossfit ist eine ganzheitliche Trainingsmethode, bei der Kraft, Ausdauer, Koordination und Schnelligkeit verbessert werden. Zum Programm gehören Übungen mit dem Eigengewicht oder Zusatzgewichten, schnelles Laufen sowie Elemente aus dem Turnen. Eine anstrengende Angelegenheit - doch auch eine ziemlich effiziente, wenn man es richtig angeht.

MRS.SPORTY
Josefstädter Straße 51 | www.mrssporty.at

Das Franchise-Fitnesscenter Mrs.Sporty ist auch in der Josefstadt zu finden. Hier können Frauen in sehr entspannter Atmosphäre ihrem Körper etwas Gutes tun. Sport in Kombination mit einer ausgewogenen Ernährung und individueller Beratung direkt bei Mrs.Sporty gilt hier als Erfolgsrezept.

NATUREISLAUFPLATZ BUCHFELDGASSE
Buchfeldgasse 7A / Schmiedgasse

Im Sommer als Ballspielplatz in Betrieb, verwandelt sich die Jugendsportanlage in der Josefstädter Buchfeldgasse bei entsprechend kaltem Winterwetter in einen der wenigen Wiener Natureislaufplätze. Kostensparend und unkompliziert für alle, die eigene Eislaufschuhe haben!

ÖGV KLETTERZENTRUM
Lerchenfelder Straße 28 | www.kletterzentrum.at

17 Meter hohe Wände und eine Fläche von 120 Quadratme-

tern gibt es hier zum Klettern, 320 zum Bouldern. Überhaupt ist das ÖGV Kletterzentrum ein ganzjährig geöffnetes Paradies für Freunde der vertikalen Fortbewegung. Besonders günstig steigen Mitglieder des Alpenvereins aus - aber auch für Nicht-Mitglieder ist ein Besuch möglich. Wer noch keine Ahnung von diesen Künsten hat, der kann sich Equipment ausborgen und hier auch Kurse besuchen, um sich bis zum Profi-Kletterer hochzuarbeiten (im wahrsten Sinne des Wortes).

SHINERGY[ZONE]
Lange Gasse 78 | www.shinergy.com

Das Shinergy hat sich nicht nur dem Sport verschrieben, sondern auch der chinesischen Kampfkunst und der asiatischen Gesundheitslehre generell. Hier werden Kurse wie Zumba und Cardio Programme angeboten, aber auch verschiedenste Yoga- und Pilateseinheiten. Zusätzlich zum Sportprogramm wird im Shinergy auch Wert darauf gelegt, die innere Haltung zu trainieren und somit ein sehr ganzheitliches Gesundheitsprogramm zu absolvieren.

TISCHTENNIS CENTER
Lange Gasse 69 | www.tischtenniscenter.at

Wenn es draußen schneit, regnet und stürmt, heißt das nicht automatisch, auf Tischtennis verzichten zu müssen. Die traditionsreiche wie renommierte Halle in der Lange Gasse 69 ist öffentlich gut zu erreichen und bietet engagierten Spielern 13 Tische zum Austoben. Wer Glück hat, kann in dieser

Halle sogar echte Profis beim Training beobachten!
Eine Stunde Tischmiete kostet 10,- Euro, Schläger und Bälle
können ausgeborgt werden.

FÜR BESUCHER

**Ein Trip nach Wien ist geplant, aber wo nur wohnen?
Diese Frage ist im Achten gar nicht so leicht zu beantworten, denn bei den Möglichkeiten muss man wissen,
wonach man sucht. Vom Luxushotel bis zum Studen-
tenheimzimmer findet man alles und noch mehr.**

1080 CITY APARTMENTS
Alser Straße 63A | www.1080vienna.com

Die 17 Vienna City Apartments befinden sich alle in einem
generalsanierten Gebäude in der Alser Straße und sind über
das erste bis zum fünften Stockwerk verteilt. In unmittelbarer
Nähe hat man die 43er und die 44er Straßenbahn, sowie die
U-Bahn Station Alser Straße. Die Wohnungen sind zwischen
50 und 150 Quadratmeter groß und bieten Platz für bis zu
acht Personen. Hier lässt es sich definitiv gut leben. Die
moderne Ausstattung wird durch ein freies WLAN im ganzen
Haus noch einmal aufgepeppt.

FLEMING'S DELUXE HOTEL****
Josefstädter Straße 10-12 | www.flemings-hotels.com

Einen Luxusaufenthalt kann man im Fleming's Deluxe erleben.
Ganz gleich, was man bucht, man landet bestimmt in einer

Fleming's Deluxe Hotel (c) Fleming's Deluxe Hotel

Suite, einem Deluxe Zimmer oder einem anderen Raum, der schlichtweg durch klassische Eleganz beeindruckt. Die Zimmer sind zwar schlicht und modern, aber hochwertig und ansprechend eingerichtet, teilweise sogar mit Blick über die Stadt. Wer nicht nur zum Urlauben, sondern zum Arbeiten gekommen ist - das Fleming's ist auch mit Seminarräumen für Tagungen und sonstige Veranstaltungen ausgestattet. Nach dem langen Arbeitstag darf man sich in dem hoteleigenen Restaurant belohnen und gleich auf ein Gläschen Wein sitzen bleiben.

HOSTEL PFEILGASSE
Pfeilgasse 4-6

Der studentenreiche achte Bezirk ist natürlich auch mit Studentenheimen besonders flächendeckend ausgestattet. Über die Sommermonate findet man jedoch außer einer gähnenden Leere nicht viel dort, weil die meisten Studierenden zurück in die Heimat fahren. Daher bietet sich bei manchen Heimen die Möglichkeit, die Zimmer für kurze oder längere Urlaube zu mieten - und das zu sehr günstigen Preisen. Das Pfeilheim ist eines dieser Studentenheime und außerdem verhältnismäßig gut ausgestattet. Hier hat man im Einzelzimmer sogar ein eigenes Bad und eine eigene kleine Küchenecke.

HOTEL PENSION ANDREAS ***
Schlösselgasse 11 | www.hpandreas.com

Familie Seyeddain führt diese nette Pension, in der nicht nur Stammgäste der Universität oder des Burgtheaters gerne eine Unterkunft finden, sondern auch kleinere Gruppen bis zu fünf Personen ein gemeinsames Zimmer buchen können. Der Stil ist klassisch und verbreitet ein heimeliges Gefühl - mit viel Holz, stoffüberzogenen Stühlen und langen, dicken Vorhängen. Was aber auf jeden Fall für die Pension Andreas spricht, ist der unschlagbare Preis für eine Hotelunterkunft in dieser Lage.

LIV'IN RESIDENCE BY FLEMING'S
Auerspergstraße 21 | www.flemings-hotels.com

Die Fleming's Hotels gibt es seit 2001 und an vier Standorten: Frankfurt, München, Zürich und im schönen Wien. Zu den Unterkünften zählen Hotels der verschiedensten Leistungs- und Sterneklassen und auch Apartments, die zur kurz- oder längerfristigen Miete freistehen. Und um ebenso ein Angebot handelt es sich in der Auerspergstraße. Direkt an der Grenze zum ersten Bezirk, ausgestattet mit allen technischen und komfortablen Accessoires, die ein Reisender so braucht und klassisch modern eingerichtet. Die verschiedenen Wohnungen sind zwischen 37 und 100 Quadratmeter groß und von der Alarmanlage bis zum Toaster komplett ausgestattet.

MERCURE JOSEFSHOF ★★★★
Josefsgasse 4-6 | www.josefshof.com

Man findet Mercure Hotels in so ziemlich allen Städten beziehungsweise Stadtteilen. So auch in der Josefstadt. Das Mercure Josefshof Wien ist in unmittelbarer Nähe zum Rathaus und somit auch an vielen der unzähligen Wiener Touristenattraktionen gelegen. Je nach Preisklasse wird man sich hier entweder in einem klassisch eingerichteten Standard-Zimmer oder aber in einer super-modernen Privilege-Suite einfinden. Ein bisschen Jugendstil, ein bisschen urig, sehr viel Wien und die üblichen Mercure Services. Was noch positiv hervorsticht: Kinder unter 16 dürfen im Zimmer der Eltern gratis übernachten!

URBAN STAY HOTEL COLUMBIA
Kochgasse 9 | www.columbia.at

Wer seinen Urlaub lieber ein bisschen stylischer verbringt und bei dem Design vom Frühstück bis zum Schlafengehen immer präsent sein muss, der darf sich im Urban Stay Hotel einbuchen. Hier gibt es Zimmer für bis zu drei Erwachsene oder zwei Erwachsene und zwei Kinder, die garantiert schön eingerichtet sind. Das Urban Stay hat zwar „Columbia" im Namen, das Frühstück kommt aber eher aus Österreich als aus Kolumbien. Es wird nämlich darauf geachtet, regionale Speisen anzubieten und auch für Freunde der glutenfreien Kost findet sich etwas im Sortiment.

LOKALFÜHRER

Trendig modern, altbekannt und lang beliebt - in der Josefstadt gibt es vom schicken Abendlokal bis hin zur Take-Away Theke alles. Gut, dass man nach einem ausgiebigen Dinner nur ums Eck muss, um eine Cocktail-Bar zu finden, denn im kleinen Achten ist der Weg zum nächsten Lokal bestimmt nie weit. So wird Café-, Bar- oder Restaurant-Hopping so einfach wie noch nie.

8UNDZWANZIG
Schlösselgasse 28 | www.achtundzwanzig.at

Die Vinothek 8undzwanzig kombiniert junges, kreatives Ambiente mit edlen Weinen und hochwertigen Speisen. Kaum ist man drinnen, wird man auch schon von der angenehm-lockeren Atmosphäre des Lokals eingefangen. Zur obligat umfangreichen Weinkarte kommen regionale Schmankerln - so etwa Speck, Hirschwurst oder eine österreichische Käseplatte und feine Toasts.

ADAM'S GASTHAUS
Florianigasse 2 | www.adam.at

Von Wiener Schnitzel über Tafelspitz bis hin zu Powidltascherl bietet Adam in seinem Gasthaus alles was der Hausmann für seine Kost begehrt. Auch das Ambiente verspricht gemütliches Wirtshausfeeling, und selbst große Gruppen werden bestimmt bei Adam glücklich. Ob Gaststube, Schanigarten oder eigener Raum für die private Feier - einen Sitzplatz findet man garantiert. Für alle, die es nicht ganz so deftig mögen, werden auch vegetarische Speisen angeboten.

ALBERTGASSE 39
Albertgasse 39 | www.albertgasse39.at

Die Albertgasse 39 versprüht durch die lockere Atmosphäre eine ausgesprochene Anziehungskraft. Wer hier öfter als zweimal war, wird vom Personal mit dem Vornamen angesprochen und hat schon mindestens einen Burger verdrückt, denn die sind sagenhaft. Auch die Cocktails können sich sehen lassen. Im Sommer sitzt man gemütlich im Freien.

ARMANDO
Josefstädter Straße 75-77

Armando - diesen Namen kennen die Josefstädter. Auch über den achten Bezirk hinaus ist der Eisladen ein Begriff. Der leider schon verstorbene Besitzer schaffte es nämlich mit seinem Eis und seinem Charme, italienische Liebe zu verbreiten und ein Lächeln in jedes Gesicht zu zaubern. Heute hat die Tochter die Zügel übernommen und das Eis ist nach wie vor köstlich: Ob ausgefallene Sorten wie Campari Orange oder einfach das gute alte Schoko-Eis - Armando überzeugt.

ASALA HALAL FOOD
Alser Straße 21 | www.asala-halal-food.at

Auch wenn viele dieses Lokal nicht beim Namen kennen, die Meisten kennen es trotzdem. Es ist nämlich gleich beim Alten AKH - also am Universitätscampus - und trotz unscheinbarer Fassade ist es ein beliebter Anlaufpunkt für alle, die auf der Suche nach einem der besten Kebaps oder Lammburger in Wien sind. Das Asala Halal ist perfekt für eine Mittagspause oder Vorlesungspause.

B72
Stadtbahnbogen 72 | www.b72.at

Das B72 ist der Alternative und Independent Music verschrieben und hat schon so einigen Klangkünstlern eine Bühne geboten. Und selbst wenn kein besonderes Konzert ansteht wird hier fleißig getanzt, getrunken und die Hüfte geschwungen. Nur wenn es draußen noch warm ist, kann man sich im Schanigarten vor dem Tanzen drücken, aber spätestens nach ein, zwei Bierchen will man hier sowieso nicht mehr stillsitzen.

BEER & SONGS
Lange Gasse 50 | www.beerandsongs.at

Von Mittwoch bis Samstag ab 21:00 Uhr können Goldkehlchen ihre Stimme hier üben, denn die Karaokebar hat eine unerschöpfliche Liste an Sing-Along-Songs anzubieten. Daneben fließt der Alkohol in Strömen und mit fortschreitender Uhrzeit und erhöhtem Pegel steigt auch der Spaßfaktor - ob nun beim Singen und Tanzen auf der Bar oder einfach nur beim Zuschauen!

BERNHAUERS
Pfeilgasse 2 | www.bernhauers.at

Der im Holzdesign gehaltene Raum strahlt Wärme aus und gibt dem Besucher das Gefühl der gastlichen Behaglichkeit, während die penibel gedeckten Tische edles Flair versprühen. Der charmante Service tut sein Übriges, um den Wohlfühlfaktor in die Höhe zu treiben, während Gerhard Bernhauer höchstpersönlich in der offenen Schauküche des Restaurants den Kochlöffel schwingt und kreative Eigenwerke klassischer österreichischer und mediterraner Küche auf den Teller zaubert.

BIERKANZLEI
Breitenfelder Gasse 22 | www.bierkanzlei.com

Egal ob Murauer, Hausbier oder Zwickl, frisch gezapft aus dem Fass schmeckt's gleich besonders gut. Wer hungrig kommt, kann aus dem Wiener Suppentopf schöpfen, Flammkuchen aus dem Pizzaofen bestellen und Toasts in den unterschiedlichsten Variationen probieren. Gemäß dem Leitspruch „Eure Musik ist unser Bier" kommt aber auch die Unterhaltung nicht zu kurz.

CAFÉ ANNO
Lerchenfelder Straße 132 | www.cafe-anno.net

Im Café Anno steht Literatur im Mittelpunkt. Vor allem junge, österreichische Autoren sollen hier ihre Werke zum Besten geben. Sonntags findet ALSO - der Anno Literatursonntag - statt und unter der Woche lädt die herrlich verraucht-dunkle Atmosphäre dazu ein, philosophisch über ein Buch gebeugt zu verweilen. Auch für die späteren Nachtstunden bietet sich das Anno an - diesmal vielleicht weniger belesen, sondern aufgelockert durch ein, zwei, zehn Achterl Wein.

CAFÉ CARINA
Josefstädter Straße 84 | www.cafe-carina.at

Ein sehr unscheinbares Lokal direkt unter der U-Bahn Station Josefstädter Straße, wenige Tische davor und ein eher dunkel erscheinendes Inneres - genau diese Räumlichkeiten werden regelmäßig mit viel Farbe und Musik gefüllt. Musik-Newcomer nutzen die Carina-Bühne gerne, um sich auszutoben und hauchen dem Lokal schon vor Mitternacht Leben ein. Noch wichtiger für manche ist es aber zu wissen, dass das Carina auch nach Mitternacht - und zwar an Freitagen und Samstagen sogar bis 6:00 Uhr morgens - geöffnet hat.

CAFÉ DAUN
Skodagasse 25

So klein wie ein Stehcafé, so lange geöffnet wie eine Bar und eine Speisekarte wie ein Restaurant. Das Angebot birgt selten Überraschungen, aber man hat alles, was man braucht, und auch der Bus 13A hält praktischerweise in unmittelbarer Nähe. Ein kleiner Espresso to go bis der nächste Bus kommt vielleicht?

CAFÉ DER PROVINZ
Maria-Treu-Gasse 3 | www.cafederprovinz.at

Das Café der Provinz ist eine Mischung aus Waldviertel und Frankreich. Klingt seltsam – funktioniert aber sehr gut. Es gibt Crêpes und Galettes in allen Variationen und vor allem beim Frühstücksbuffet kann man sich durchkosten. Hier kann man gut sitzenbleiben und auch mal einen Arbeitstag ins Kaffeehaus verschieben.

CAFÉ EILES
Josefstädter Straße 2

Das Café Eiles bedient seit über einem Jahrhundert die Wiener Gäste - es liegt Tradition in der Luft. Wer sich wirklich fühlen will wie anno 1900, der nimmt sich etwas mehr Zeit,

Café Eiles

liest die eine oder andere Zeitung, spielt mit dem Gast am Nachbartisch eine Partie Schach oder verzockt seinen Wochenlohn bei einem Kartenspiel.

CAFÉ FLORIANIHOF
Florianigasse 45 | www.florianihof.jimdo.com

Ein „aus alt mach neu Projekt" - in klarem und einfachem Design, aber auch nicht zu hip. Es gibt hier gutes, vielseitiges, günstiges Essen, das Innere ist freundlich und hell. Das liegt wahrscheinlich auch an dem jungen Team, das mit viel Liebe das Café Florianihof gestaltet und verwaltet. Das Lokal ist zum größten Teil ein Nichtraucher-Lokal, jedoch kann man sich in den wärmeren Jahreszeiten auch im netten Schanigarten niederlassen.

CAFÉ HUMMEL
Josefstädter Straße 66 | www.cafehummel.at

Die Speisen sind ausgezeichnet, der Service wienerisch

und die Atmosphäre nach der Renovierung ausgesprochen angenehm. Eine Wiener Kaffeehausinstitution, die schon seit drei Generationen in den Händen der Familie Hummel liegt. Besondere Kaffeekreationen und - ein absolutes Schman- kerl - das „Wiener Mayonnaise-Ei" kann man hier bestellen und genießen. Nicht ganz so wienerisch, aber trotzdem ein nettes Extra: in der modernen Sportsbar kann man das eine oder andere Fußballspiel inklusive Fiaker-Gulasch erleben.

CAFÉ MASCHERL
Piaristengasse 15 | www.cafe-mascherl.at

Liebenswert mit Alt-Wiener Flair präsentiert sich das Café Mascherl: Dunkle Holzsessel und Hocker, gläserne Kron- leuchter und gerahmte Fotos aus vergangenen Zeiten schmücken das Lokal. Von der klassischen Melange über hausgemachte Mehlspeisen bis hin zum herrlichen Sams- tagsbrunch (Voranmeldung!) ist alles dabei. Tipp: Im Ma- scherl werden immer wieder Tarockkurse abgehalten!

CAFÉ MERKUR
Lammgasse 1 | www.cafemerkur.at

Nette Gäste, umfangreiche Speisekarte, gemütliches Ambiente zum Sitzenbleiben - alles da, um einen günstigen und entspannten Tag zu verbringen. Wer Angst hat, sich nie wieder losreißen zu können, kann zwischendurch auch wieder zurück ins Tunnel - diese beiden liegen nicht nur nah beieinander, sie gehören auch zusammen.

CAFÉ RATHAUS
Landesgerichtsstraße 5 | www.caferathaus.at

Schon 1843 eröffnet, gehört das Café Rathaus zu den älteren Kalibern in Wien. Sonntags gibt es dann und wann live Klaviermusik und die Zeitungen bringen wie immer schon die wichtigsten News in die gemütlichen Räumlichkeiten. Wie es oft so ist in den altehrwürdigen Kaffeehäusern, könnte man schon fast meinen, die Zeit sei stehen geblieben. Und zeitlos stehen auch - wie immer schon - diverse Kartenspiele zur Verfügung. Dass man aber trotzdem im 21. Jahrhundert ist, beweist der Fernsehraum, der mit seinem Programm den vielen Zeitungen Konkurrenz macht.

CAFÉ STROZZI
Strozzigasse 24 | www.strozzi.at

Nahe dem Studentenheim gelegen, hat das Café Strozzi die einen oder anderen jungen Gäste im Stammrepertoire. Innen sieht es ein bisschen alt und ein bisschen ehrwürdig aus, die Musik läuft leise im Hintergrund und die dezente Beleuchtung macht das Café Strozzi zu Abendstunden gleich gemütlich. Verschiedenste Toasts und Brote, aber auch Gerichte für den größeren Hunger stehen auf der Karte.

CENTIMETER
Lenaugasse 11 | www.centimeter.at

Mittlerweile hat sich das Centimeter sowohl bei hungrigen Wienern als auch bei Touristen beliebt gemacht. Und das vor allem wegen der riesigen Portionen. Ein „Meter Bier", das man dann direkt am Tisch selbst zapfen kann, oder eine „Scheibtruhe", gefüllt mit Fleisch und Beilagen aller Art, können auch größere Gruppen mit Leichtigkeit sättigen. So wird ein Besuch auch gleich ein bisschen zum Abenteuer und das rustikale Ambiente passt perfekt ins Bild.

CHELSEA
Stadtbahnbogen 29-32 | www.chelsea.co.at

Das Lokal startet am frühen Abend als Ort für einen netten Tagesausklang, geht über in einen Tempel für Fußballfans mit großer Leinwand und Bier im Überfluss und findet schließlich lange nach Mitternacht seine Ruhe - nachdem die vielen lustigen Besucher ausgiebig ihr Tanzbein geschwungen haben. Wenn gerade kein Fußballspiel gezeigt wird, dann werden Konzerte veranstaltet, die so ziemlich alle Musikwünsche abdecken. Zwischen 80ies Night und Indie Newcomer Abend hat man hier schon einiges gesehen.

CORNER 101
Josefstädter Straße 101 | www.corner101-wien.at

Die Adresse dieses Lokals ist nicht schwer zu erraten - Hausnummer 101 und direkt am Hauseck. Aber eigentlich kommt einem das Corner 101 oft dann unter, wenn man Essen nach Hause bestellen will. Asiatisches von Frühlingsrollen über Garnelen und gebackenem Tintenfisch bis hin zu Tofu oder Schweinefleisch-Morcheln. Für jeden lässt sich etwas finden, ob vegetarisch, scharf, mit Fleisch, mit Fisch, deftig oder süß. Sogar flambiertes Eis steht auf der Liste.

CUPCAKES WIEN
Josefstädter Straße 17, Albertgasse 17 | www.cupcakes-wien.at

Das CupCakes Wien bietet ein fantastisches Sortiment an Cupcakes. Cupcakes mit Streusel, Cupcakes mit Perlen und Blattgold, Cupcakes in rosa und blau, Cupcakes mit Schoko und mit Himbeeren. Das Feinste vom Feinsten. Sogar pikante Leckereien sind mit dabei. Auch das Personal lächelt einem in rosa Rüschen-Schürzen zu. Wahrlich paradiesisch. Ein Festmahl für alle Naschkatzen und definitiv ein Plätzchen, wo man nicht nur zum Kaffeetrinken hingeht.

CURRY INSEL
Lenaugasse 4 | www.curryinsel.at

Wer in Wien wohnt, sollte zumindest einmal in der Curry Insel gegessen haben. Es gibt sogar Gerüchte, dass Wiener Curry nirgends so gut schmeckt wie hier. Die Speisen sind frisch und würzig zubereitet, die Auswahl vielseitig und abwechslungsreich. Weder Fans von wirklich scharfen Gerichten noch Vegetarier und Veganer kommen hier zu kurz.

DAS LANGE
Lange Gasse 29 | www.daslange.at

Den Namen hat Das Lange von der Lange Gasse, eh ganz klar. Könnte aber auch davon kommen, dass man im Langen immer lange bleibt. Jeden Dienstag wird hier ein spezielles Fass Bier angeschlagen und von Gästen verkostet. Auch an den übrigen Wochentagen ist immer etwas los. Bier steht im Vordergrund, aber auch Whiskey und sonstige Spirituosen dürfen nicht fehlen.

DELI BLUEM
Hamerlingplatz 2 | www.delibluem.com

Ein vegetarisches Bistro und Take-Away der ganz besonders schmackhaften, gesunden und vor allem sympathischen Sorte. Die Inneneinrichtung ist perfekt abgestimmt, einfach gehalten und sichtlich durchdacht. In den Mittelpunkt sollte man aber keineswegs nur die Atmosphäre stellen, sondern vor allem die Speisen. Lecker, frisch, gesund und vegetarisch.

DIONYSOS / NOSH
Kochgasse 9 | www.dionysos-nosh.at

Von mediterraner Paella bis hin zu orientalischen Falafel wird der Gaumen der Gäste verwöhnt. Unter der Woche nur abends geöffnet, steht auch immer wieder einmal Live-Musik am Programm. Sonntags wird auch ein ausführlicher Brunch angeboten, bei dem man sich frei durch die kurdische Speisenvielfalt kosten kann.

EDISON
Alser Straße 9 | www.edison.at

Das Edison lockt einen vor allem schon durch die moderne Inneneinrichtung ins Lokal. Vom Mittagsmenü bis zum abendlichen Cocktail kann man hier eigentlich fast alles empfehlen. Am Abend wird das obere Stockwerk geöffnet und das Edison wird zum Hotspot für alle, die sich mit ausgefallenen

deli bluem

café-bistro und take away

Hamerlingplatz 2
1080 Wien

Mo - Fr
8:00 - 19:00 Uhr
Sa, So und Feiertag
9:00 - 18:00 Uhr

Drinks auf einen längeren Abend vorbereiten wollen.

FRANZ
Florianigassi 19 | www.lokal-franz.at

Vor allem Fleischspezialitäten und Wienerisches stehen auf der Karte und das funktioniert vor allem in Kombination mit den guten Weinen sehr gut. Der Chef des Hauses hat schon viel Erfahrung gesammelt und das merkt man beim Verkosten der hochwertigen Gerichte definitiv. Das Ambiente im Franz ist klassisch traditionell, aber nicht übertrieben und passt ganz gut in den achten Bezirk. Weiter so!

FROMME HELENE
Josefstädter Straße 15 | www.frommehelene.at

Für die Jahrgänge unter uns, die sich noch an die Serie 'Kottan ermittelt' erinnern können, wird die Fromme Helene ein ganz besonderer Ort sein. Der Inhaber ist nämlich Sohn von Peter Vogel alias 'Kottan'. Kein Wunder also, dass der wirklich einzigartige Gewölbekeller nun den Namen 'Vogelkeller' trägt. Angeboten wird in der Frommen Helene hauptsächlich Wienerisches zu angemessenen Preisen. Neben den festen Klassikern verspricht die aktuelle Wochenkarte vor allem saisonale Gerichte.

G-PUNKT
Stolzenthalergasse 26 | www.cafe-g-punkt.at

Ein Lokal, das viel verspricht und manchmal auch viel hält. Das Beisl in der Stolzenthalergasse ist der perfekte Ort für späte Abende und frühe Morgen. Das Ambiente ist natürlich dunkel und schummrig, wie es sich gehört, das Getränkeangebot angenehm vielfältig. Ein Pluspunkt ist auch, dass im G-Punkt sogar zur späteren Stunde Speisen angeboten werden. Ob das Lokal dem Namen gerecht wird, muss wohl jeder selbst entscheiden.

GASTHAUS JOSEFSTADT
Florianigasse 43 | www.gasthaus-josefstadt.at

Im Gasthaus Josefstadt erwarten den Gast typisch österreichische Spezialitäten, wie man sie kennt und liebt. Nicht nur das Wiener Schnitzel überzeugt mit Geschmack und Größe, auch das Holzhackerschnitzel, der gebratene Dorsch, die gerösteten Knödel und die Palatschinken warten nur darauf, verzehrt zu werden. Zu wenig bekommt man hier so gut wie nie. Die Einrichtung des Gasthauses mag ein wenig alt, verraucht und rustikal sein, aber das gehört eben dazu. Fazit: Wirklich anständige Hausmannskost zu günstigen Preisen!

GASTWIRTSCHAFT BLAUENSTEINER
Lenaugasse 1 | www.gastwirtschaft-blauensteiner.at

Die Gastwirtschaft Blauensteiner „Zur Stadt Paris" gehört zu den Urgesteinen der Wiener Wirtshauskultur. Eine gekonnte Mischung aus traditionell-wienerisch und modern-mediterran. Diese Kombination hat der Koch wohl im Steirereck gelernt, wo er schon Erfahrung gesammelt hat. Schmecken tut's jedenfalls dementsprechend gekonnt. Dazu ein guter österreichischer Wein oder ein prickelndes Bier. Die Preise sind nicht übertrieben bis wirklich günstig - ein modernes

Wiener Wirtshaus, wie man es sehen möchte.

GÜRTELBRÄU
Stadtbahnbogen 24-25 | www.guertelbraeu.at

Ein gemütlicher Ort zum Zusammenkommen, wo man zwischen Kerzen und Lichterketten draußen, oder - falls das Wetter für draußen gar nicht passt - auch drinnen in einer Pub-ähnlichen Umgebung zwischen Fässern und Holzmöbeln sitzen kann. Für alle, die dort ihren Abend starten wollen: Es gibt eine Happy Hour, Bier vom Fass und eine Saisonkarte.

HITOMI
Josefstädter Straße 53 | www.hitomi.at

Schnell und günstig, aber trotzdem gut und freundlich. Sushi, Maki, Bento Boxen, dazu eine Auswahl an Gerichten, die wirklich satt machen - und das um einen unschlagbaren Preis. Das Ambiente erinert an die asiatische Welt. Ein bisschen kitschig, aber doch modern und einfach gehalten. Für ein schnelles Take-Away ist das Hitomi perfekt geeignet!

HOHENSINN
Fuhrmannsgasse 9 | www.restaurant-hohensinn.at

Traditionelle Wiener Küche auf hohem Niveau. Das Lokal ist innen eher klein, trumpft aber im Sommer mit dem schönen Gastgarten auf. Die gehobene Küche wird auch in gehobenem Ambiente serviert und erinnert so ganz und gar nicht an die typisch wienerischen Wirtshaus-Beisl, sondern an Sterne-Restaurants mit Stoffservietten. Wer also ein ausgiebiges Menü von Sardinen bis Edelbrand genießen möchte, der wird im Hohensinn bestimmt glücklich.

HOLD
Schönborngasse 1

Das Hold hat es mit dem Rauchen ganz schlau geregelt. Bis 16:00 Uhr wird es als Nichtraucherlokal geführt, wo man die köstlichen italienisch-österreichischen Mittagsmenüs in 'Frischluft' genießen kann. Danach wird es einfach zum Raucherlokal. Der Raum selbst ist sehr klein, also auch schnell voll - im Sommer ist aber durch den kleinen Schanigarten auch draußen noch ein bisschen Platz.

IL SESANTE
Piaristengasse 50 | www.sestante.at

Der Platz vor der Piaristenkirche Maria Treu ist eine kleine Oase. Dort wo sich gleich mehrere Lokale den Schanigarten teilen, lässt es sich nicht nur tagsüber aushalten, sondern auch nachts. Die gar nicht kleine Pizzeria holt Italien nach Wien - man fühlt sich fast ein bisschen wie im Urlaub. Trotz der Größe ist das Il Sesante fast immer voll und man sollte wohl reservieren. Hat man sich seinen Platz gesichert, darf man authentisch und liebevoll zubereitete Speisen genießen, die das Il Sestante zu einer der besten Pizzerien in Wien machen. Zumindest einmal sollte jeder hier eine Pizza verspeist haben!

JAHRHUNDERT BEISL
Florianigasse 35

Das Jahrhundert Beisl verkörpert das Ur-Wienerische in seiner reinsten Form und das Ambiente trägt sein Scherflein dazu bei: Wände, Türen und Stühle sind in dunklem Holz gehalten, schummriges Licht fällt auf die matten Scheiben und erleuchtet den schlicht eingerichteten Speisesaal. Es ist traditionell, dunkel, einfach. Dementsprechend gibt es zu essen, was man an einem Ort wie diesem erwartet: Heimische Küche, zubereitet aus regionalen Spezialitäten.

KAFFEEMODUL
Josefstädter Straße 35 | www.kaffeemodul.at

Kaffee-Klassiker in allen Variationen braut das Kaffeemodul: stark, schwarz, leicht, mit Milch, ohne Milch, große Tasse, kleine Tasse, Schaum, kein Schaum - aber immer von einer guten Bohne. Die Zubereitungsarten variieren: da gibt es die klassische Espressomaschine, eine Aeropress, French Press, Chemex, Siphon-Kaffeemaschine oder einfach Filterkaffee. Und das alles natürlich auch to go. Wer jetzt irgendwo zwischen Kaffee und Chemex ausgestiegen ist, kann es sich im Café auch gemütlich machen und sich vom Personal beraten lassen - hier wird einem kompetent geholfen.

KAISAKI
Laudongasse 24

Eine scheinbar unendliche Auswahl erwartet einen, wenn man im Kaisaki das Running Sushi zu sich nehmen möchte. Auf kleinen bunten Tellerchen wetteifern Sushi, Frühlingsrollen und sonstige kleine Gerichtchen darum, vom Laufband genommen zu werden. Gesagt, getan, schon häufen sich die Teller am Tischrand und der Bauch füllt sich schneller, als man will. Wer diesem Kampf gegen das unendliche Sushi-Band entgehen will, der darf sich aber auch ein günstiges Mittagsmenü schmecken lassen und wird mit einer knusprigen Ente oder einem gebackenen Huhn nicht weniger zufrieden genießen.

KONOBA
Lerchenfelder Straße 66-68 | www.konoba.at

Dalmatinische Fischspezialitäten gepaart mit kroatischen Weinen lassen Südluft durchs Lokal strömen. Mit Blick hinter die Theke kann man die Zubereitung live mitverfolgen - und wer in Versuchung gerät, sich selbst an den Griller zu stellen, hat seit einiger Zeit die Möglichkeit, an diversen Kochkursen und Weinverkostungen teilzunehmen.

LA CINTURA
Sanettystraße 4 | www.pizzeria-lacintura.at

La Cintura wird vor allem wegen der Pizza geliebt. Und die ist wirklich fabelhaft und falbelhaft riesig. Lieferservice sei Dank muss man auch keinen Fuß vor die Haustür stellen, um in den Genuss der La Cintura Pizza zu kommen. Theoretisch könnte man zwar auch im Restaurant essen, das Lokal ist aber eher nicht für Sitzenbleiber eingerichtet. Von dem rustikal-einfachen Innenraum darf man sich aber nicht abschrecken lassen, denn Geschmack und Größe der Pizzen sind immer noch unschlagbar.

LA DELIZIA
Florianigasse 19 | www.la-delizia.net

Liebevolle dekorative Elemente und bodenständige rot-weiß-karierte Tischdecken lassen hier sofort das Gefühl entstehen, den Italiener des Vertrauens gefunden zu haben. Italienisches Lebensgefühl vermittelt nicht nur der charmante Padrone, der höchstpersönlich in der Küche steht, sondern auch die eng beieinanderstehenden Tische. Hier ist klar: Essen soll nicht zweckmäßig, sondern ein geselliges Genusserlebnis sein.

LA TAVOLOZZA
Florianigasse 37 | www.latavolozza.at

Das Restaurant La Tavolozza überzeugt mit urigem Charme. Dunkles Holz, romantisches Licht und nicht zuletzt der große Holzofen vermitteln sowohl mediterranes Flair, sprechen aber auch die Bedürfnisse des gemütlichen Wieners an. Besonders für größere Gruppen, ein Firmenessen oder einen Anlass kann man das La Tavolozza empfehlen. Auf Wunsch besteht hier die Möglichkeit, ein eigenes Mehrgänge-Menü zusammenzustellen, bei dem auch Getränke schon inkludiert sind.

LAVANDERIA
Albertgasse 51 | www.lavanderia.at

Dass es sich bei der Lavanderia nicht etwa um eine Wäscherei handelt, sondern um eine Pizzaria, wird durch entsprechende Symbole für „nicht waschen" und „nicht bügeln", dafür aber „essen" und „trinken" deutlich gemacht. Jeden Samstag und Sonntag werden beim großzügigen Italo-Brunch italienische wie auch österreichische Leckerbissen angeboten, mittags gibt es unterschiedliche Menüs zur Auswahl.

LEVANTE
Josefstädter Straße 14 | www.levante.at

Im Levante gibt es Fisch, Gegrilltes und allerlei Levantinisches. Wer also ein Lammsandwich oder eine Thunfisch-Pide to go sucht, findet das hier. Platz zum drinnen sitzen bleiben gibt es jedoch auch. Die Speisen kommen frisch vom Holzkohlegrill!

LIN
Albertgasse 30 | www.linacht.at

Das Asia Restaurant Lin bietet Sushi-Köstlichkeiten in asiatischem Ambiente: In rötliche Farben getunkte Sonnenuntergang-Bilder und andere kreative Akzente zieren die Wände. Der Chefkoch ist spezialisiert auf Sushi, Maki und Teppanyaki, aber auch sonst bietet die Speisekarte alles mögliche. Die Speisen können vor Ort verzehrt, mitgenommen oder von zu Hause aus bestellt werden.

LITTLE LUNCH
Florianigasse 5 | www.littlelunch.at

Im Little Lunch wird täglich gekocht und zwar ausgezeichnete Quiche und Suppen. Selten schmaust man in Wien vertrauter, liebevoller und vor allem köstlicher. Wenn man einen der heißbegehrten Plätze in dem kleinen Lokal ergattert, dann sitzt

Little Lunch

es sich ganz und gar gut zwischen den Regalen voll mit Koch-büchern. Und wer in der glücklichen Lage ist, sein Büro in der Nähe zu haben, kann sich einen Little Lunch auch mitnehmen.

MILES SMILES
Lange Gasse 51 | www.miles-smiles.at

Klein, fein, und vor allem verraucht, ist das Miles Smiles dem Jazz verschrieben, wie selten ein anderes Lokal. Miles Davis wäre glücklich, würde er den regelmäßig stattfindenden Gigs lauschen, wo sich Gäste und Musiker aus Platzgründen fast vermischen. Kleine Speisen und ausreichend Getränke gibt es hier auch, das Personal ist herrlich charmant. Ein Jazzca-fé, das unbedingt so bleiben soll, wie es ist.

MIOMIO
Lerchenfelder Straße 34 | www.miomio.at

Der MioMio Eissalon besteht eigentlich nur aus einer kleinen

Theke von der aus leckere Kügelchen an Passanten verkauft werden. Die Sorten sind zwar nicht so umfangreich, schmecken aber umso herrlicher und manchmal blitzen dann doch Besonderheiten wie Chili-Eis hinter der Theke hervor. Wahres italienisches Eis ist eben nicht zu toppen.

NACHBAR
Laudongasse 8 | www.nachbar.co.at

Küche gibt es immer von 18:00 bis 1:00 Uhr und zwar richtig Gute: Pizza aus dem Holzofen und Burger aus bestem Fleisch. Die fabelhafte Pita kann man sich nach belieben selbst zusammenstellen und dazu gibt es eine ausgiebige Getränkekarte. Außerdem ist man hier für jegliche Anlässe gewappnet, denn das Lokal ist noch (!) größer als es anfangs scheinen mag.

NGUYEN'S PHO HOUSE
Lerchenfelder Straße 46 | www.nguyensphohouse.at

Vietnamesische Küche wird in Wien selten so gut zubereitet wie hier. Reisbandnudelsuppen gibt es in den verschiedensten Varianten und für jeden Geschmack - immerhin ist „Pho" ja das Nationalgericht der Vietnamesen. Wer nicht so auf Suppe steht, wird mit Tu Cuon gut beraten sein - das sind Röllchen aus Reispapier zum Selberrollen.

OLIVA VERDE
Florianigasse 15 | www.olivaverde.at

Typisch italienisches Flair bei freundlicher Bedienung und exzellenten Speisen bekommt man im Oliva Verde geboten.

Die Tische stehen nah beisammen - ideal also für größere Runden, Familien und alle, die das Essen wie in Italien als soziales Ereignis zelebrieren wollen. Gourmets und Luxus-Genießern mit hungrigem Magen seien die Menüs ans Herz gelegt.

OMAR
Lange Gasse 69 | www.omar.at

Eigentlich ist das Omar eine typische Cocktailbar mit langer Theke, Barhockern und indirekter, dunkler Beleuchtung. Doch es schleichen sich auch Buddhastatuen, Shishas und orientalisch angehauchtes Interieur ins Bild, was die Atmosphäre sehr angenehm macht. Die Cocktails lassen außerdem keine Wünsche offen und sogar selbst hergestellte Liköre und Absinth-Variationen werden hier angeboten.

PARS
Lerchenfelder Straße 148 | www.pars.at

Wie im Märchen von 1001 Nacht tafelt man im persischen Lokal Pars auf. Zahlreiche Teppiche schmücken den Boden, farbenfrohe Ornamente, Mosaike und Bilder verwandeln die Wand in ein reiches Bildermeer. Die Namen der persischen Spezialitäten gehen unsereins vielleicht etwas schwer über die Lippen - „Choreschte Bamiyeh" meint Eintopf mit Okraschoten und Lammfleisch in Tomatensauce, während „Kaschke Bademdjan" für pürierte, gebratene Melanzani mit Minzöl, Knoblauch und Schafmolke steht. Vielleicht sind die Speisen ungewöhnlich, aber sie schmecken. Und wie!

PIARISTENKELLER
Piaristengasse 45 | www.piaristenkeller.co.at

Der Piaristenkeller ist ein altes Klostergewölbe, dass nicht nur zum Restaurant, sondern auch zum k.u.k. Hutmuseum wurde, wo man allerlei Kopfbedeckungen aus Zeiten der Monarchie bewundern kann. Platz ist in den Räumlichkeiten genug, und gerne wird das Gewölbe auch für Firmenfeiern oder größere Feste gemietet. Touristen lieben diese Attraktion, aber auch als Wiener sollte man zumindest einmal vorbeigeschaut haben.

POC
Schlösselgasse 21

Ausgewählte Röstungen, experimentierfreudiges Personal, individuelle Mischungen und das bei nicht einmal allzu hohen Preisen. So eine Pappbecher-Kultur kann sich sehen lassen, denn obwohl es nicht so aussehen mag, Qualität wird hier besonders groß geschrieben. POC - People on Caffeine verbindet Kaffee-Leidenschaft mit Dynamik und heraus kommt einer der genussvollsten Koffein-Kicks seit langem.

PRINZ FERDINAND
Bennoplatz 2 | www.prinzferdinand.at

Das Beisl Prinz Ferdinand trumpft mit ausgezeichneten Wiener Speisen und einem wunderschönen Schanigarten auf. Hier kann man auch einfach auf ein paar Gläschen Wein vorbeikommen, denn diese Auswahl ist sehr fein und es ist, als wollten die verschiedensten österreichischen Winzer um die Auszeichnung zum besten Wein des Abends kämpfen.

Das Prinz Ferdinand lädt zum Genießen ein!

PUERTA DEL SOL
Lange Gasse 52 | www.tapas-bar.at

Authentisches Flair und delikate spanische Spezialitäten erwarten den Gast. Einfache Holz- und Steinböden, stimmige Farben und eine heißblütige Tänzerin an der Wand machen die Tapas-Bar zu einem Ort des Genusses für alle Sinne. Die Tapas werden in unterschiedlichsten Formen und Variationen angeboten: Auf der Speisekarte reihen sich Spezialitäten wie Artischockenherzen mit Oliventapenade, spanische Paprikawurst in einer Rotwein-Gewürzsauce oder gegrillte Datteln in einem Mantel aus Serranoschinken aneinander. Perfekt zum durchkosten und gemeinsam bestellen!

RHIZ - BAR MODERN
Stadtbahnbogen 37-38 | www.rhiz.org

Entdecken kann man hier vieles, vor allem noch eher unbekanntere Bands bei Live-Gigs. Falls gerade kein Event am Start ist, kann man sich über DJs freuen, die eine Mischung aus Altbewährtem und Neuem auflegen. In den Sommermonaten sollte man eindeutig im Gastgarten Platz nehmen und sich in das Treiben des bunten Publikums mischen. Auch hier wird's schnell mal voll, aber da gibt's eine Lösung, denn man kann ebenso auf der anderen Seite sitzen, im Sinne: Alles hat ein Ende, nur das rhiz hat zwei - auch der Hinterausgang führt zu einer kleinen Oase.

RUFFINO
Josefstädter Straße 48 | www.ruffino.at

Wer sich zwischen schlicht und rustikal nicht entscheiden kann, ist gut beraten, beim Ristorante Ruffino vorbeizuschauen. Hier kann man spontan entscheiden, ob man im modernen helleren Teil des Restaurants Platz nimmt, oder sich tiefer in die dunkleren steinigen Gemäuer wagt. Im Ambiente des interessanten Kontrasts zwischen modern und rustikal lassen sich die sehr großen und sehr köstlichen Pizzen genießen.

SAGT DER IGL ZUM HASN
Kupkagasse 2 | www.sagtderiglzumhasn.at

Hier hat man die Möglichkeit, seinen Kaffee, der von Farmen in Brasilien und El Salvador kommt, und in einer kleinen Rösterei in Stockerau geröstet wird, auch mit laktosefreier oder Sojamilch zu bestellen. Zusätzlich sind Sonnentor-Tees und

Sagt der Igl zum Hasn

Zotter-Trinkschokoladen erhältlich. Besonders hervorzuheben ist, dass es hier täglich frisch- und selbergemachten Kuchen nach Omas altem Hausrezept gibt.

SAKAI
Florianigasse 36 | www.sakai.co.at

Das Sakai begrüßt den hungrigen Gast schon von weitem mit wehenden blauen Tüchern, unter welchen er sich hindurchducken muss, um in das japanische Restaurant zu gelangen. Belohnt wird er mit klassischer, edler Schlichtheit, in welcher sich die Räume präsentieren: Unaufdringliche Farben und weiße Schiebetüren versprechen „Taste of Japan" in ruhiger Atmosphäre. So lässt sich entspannt durch die Menükarte blättern. Jeden Sonntag gibt es zudem einen Brunch mit Sushi-Buffet.

SAMRAT
Florianigasse 20 | www.samrat-restaurant.at

Ein indischer Wiener, der etwas von Beidem versteht - Indische Küche und Wiener Schmäh. Eine Kombination, die sehens- und schmeckenswert ist. Im Samrat findet man indische Hausmannskost und ein Mittagsbuffet. Das Ambiente vermittelt 1001 Nacht-Flair. Currygeruch, Goldverzierungen, Tandoori Chicken, rote Sitzbänke und Fladenbrot. Also, eintauchen in das Gewürzparadies und Achtung vor der Wienerischen Note!

SANTA MARIA
Albertgasse 54 | www.santa-maria.at

Beinahe übertrieben schlicht ist die Pizzeria Santa Maria: Ein paar Tische drängen sich auf wenigen Quadratmetern eines Vorraums, in dem sich außerdem Pizzakartons in ungeahnte Höhen stapeln. Das Schaufester verkündet „Pizza" in leuchtenden Lettern. Aber das darf so sein und sieht geschäftig aus, denn hier wird in erster Linie bestellt und abgeholt. Und schmecken tut's zu Hause ebenso gut!

SCARABOCCHIO
Florianigasse 3 | www.ristorantepizzeriascarabocchio.stadtausstellung.at

Das Scarabocchio ist das richtige Lokal für alle jene, die traditionelle italienische Küche lieben und diese auch im rustikalen Ambiente genießen möchten. Wer also noch auf der Suche nach einem Lieblingsitaliener ist, findet ihn möglicherweise hier. Die ausgedehnte Speisekarte verspricht Holzofen-Pizza, Fischgerichte, Salate und Antipasti, wie es sich für einen Italiener gehört. Und auch wenn man von außen nicht damit rechnet - das Lokal wurde innen sehr liebevoll gestaltet. Ein Gewölbe in Terracotta, viel Rot und jede Menge dunkles Holz erzeugen heimeliges Italien-Flair.

TAQUERÍA LOS MEXIKAS
Lange Gasse 12 | www.losmexikas.at

Bunte Wände, bunte Tischdecken und stimmige Dekorationselemente vermitteln mexikanische Lebensfreude, die das Essen erst so richtig zum Genuss werden lassen. Auch die Speisen bestechen durch appetitliches Arrangement und kreative Zusammenstellung - das Auge isst schließlich mit.

TOKYO RUNNING SUSHI
Laudongasse 34 | www.tokyo-runningsushi.at

Eine 20 Meter lange Sushi-Bahn zieht sich durch das Lokal und ein paar hundert kleine Tellerchen mit warmen und kalten Speisen ziehen an einem vorüber, wenn man seinen Platz an der Bahn eingenommen hat. Die Teller werden sich mit Sicherheit in Hochhaus-ähnliche Türme verwandeln. Also hungrig kommen und zufrieden gehen!

TUNNEL
Florianigasse 39 | www.tunnel-vienna-live.at

Das Tunnel ist mittlerweile auch schon eine Institution. Veranstaltungen zu Abend- und leckere Küche zu Tageszeiten. Das alles um einen Preis, der das Lokal besonders für Studenten zur Top-Adresse macht. Heißt aber nicht, dass hier nur Jungspunde auftauchen. Ein abwechslungsreiches Programm zieht auch ein abwechslungsreiches Publikum an.

PIZZERIA VERDI
Lange Gasse 16

Im gedämpften Licht werden Film- und Opern-Plakate an den Wänden sichtbar, dazu tönt in angenehmer Lautstärke klassische Musik. Es scheint ein bisschen, als wäre die Zeit stehen geblieben. Im Verdi setzt man absichtlich auf Altbewährtes. Nicht einmal einen Internetauftritt hat das Lokal, lieber verlässt man sich auf persönliche Empfehlungen. Denn wer diese Pizzeria einmal gefunden hat, lässt sie so bald nicht mehr los, das bestätigen die zahlreichen Stammgäste.

VERDE 1080
Josefstädt Straße 27 | www.verde1080.at

Das Verde 1080 ist zwar hauptsächlich ein Feinkostladen, aber es sei gesagt, dass man dort auch ganz vorzüglich speisen kann. Die Auswahl reicht von Käse über Gewürze bis hin zu Bier, und außerdem bekommt man auch internationale Besonderheiten, die man sonst in Wien nicht so leicht findet.

WEINSTUBE JOSEFSTADT
Piaristengasse 21

Wer in die Weinstube Josefstadt will, steht vorerst vor einer unscheinbaren Tür und muss sich erst einmal reintrauen, um dann aber mit einem kleinen Lokal und einem umso schöneren Gastgarten belohnt zu werden. Weinreben, schattige Kühle und Heurigenwirtschaft mit leckerem Sturm, traditionellen Gerichten und sagenhaftem Ambiente. Als säße man irgendwo im Nirgendwo im Weingebiet und ließe sich's gut gehen.

ZUM NARRISCHEN KASTANIENBAUM
Strozzigasse 36 | www.kastanienbaum.net

Ein Wiener Beisl mit schattigem Gastgarten draußen und rustikalem Ambiente drinnen. Ein Ort zum Sitzenbleiben, denn auch die Speisen sind sehr schmackhaft und das Bier fließt in gewohnter Manier überaus gut hier. Von außen mag man das nicht meinen, aber drinnen offenbart sich ein großes Wirtshaus mit genügend Platz für große Gruppen und selbst wenn man alleine kommt, kann man gut an der Bar hängen bleiben.

ZUR BÖHMISCHEN KUCHL
Schlösselgasse 18 | www.zurboehmischenkueche.stadtausstellung.at

Genretypisch urig und rustikal geht es in der Böhmischen Kuchl zu. Es wird gut und reichhaltig aufgekocht, nach deftig böhmischer Manier und wem die „Svíčková" oder Apfelrost-braten zu teuer ist, für den gibt es verschiedenste günstigere Kartoffelpuffervarianten und auch ein Mittagsmenü. Oder man setzt sich für ein traditionelles Kozel an einen Holztisch und genießt einfach nur das Ambiente.

¡MÁS!
Laudongasse 36 | www.restaurante-mas.at

Im ¡más! heißt es früh kommen und spät gehen. Denn man will einen Platz ergattern - am besten im Sommer direkt bei den offenen Fenstern. Das Angebot umfaßt Burritos, Enchiladas, Guacamole und alles was das Chili-liebende Herz begehrt, umrundet von herrlichen Cocktails und netter Bedienung. Je nach Sitzplatzwahl kann man sich an der umfangreich ausgestatteten Bar, oder aber im eher Restaurant-mäßigen Bereich niederlassen. Gebt uns ¡más!

SHOPPING-GUIDE

Die Josefstadt ist eine besonders bunte Gegend - das wissen wir. Aber dass man in den Straßen des Achten viel besser shoppen kann als an so manchen anderen Orten, beweisen die vielen kleinen und individuellen Läden, die man hier findet. Von Kindermode und Schmuckhandwerk über Möbel bis hin zu Feinkost. Ein kleiner Streifzug, der einen Dinge finden lässt, die man so gar nicht gesucht hätte.

ALMENLAND GENUSSLADEN
Josefstädter Straße 60 | www.almenland-stollenkaese.at

Original steirische Köstlichkeiten findet man im Almenland Genussladen. Das Geschäft ist zwar nicht groß, doch hat man die Gestaltung des Interieurs geschickt gelöst: Mithilfe von Spiegeln und edlem Stollen-Design erweckt man hier den Eindruck von Weitläufigkeit. Preisgekrönter Stollenkäse mit unverwechselbarem Aroma, steirische Weine, dekorativ etikettierte Schnäpse, Liköre sowie Honig- und Marmelade- spezialitäten reihen sich in den Regalen aneinander.

ATELIER CADÊ?
Strozzigasse 25 | www.atelier-cade.at

Im cadê? wird schöne Mode fair hergestellt – und danach in einem Ambiente präsentiert, in dem man sich einfach wohl fühlen muss. Die Stücke selbst gehen in die klassische, eher schlichte Richtung, aber dazwischen kann auch Auffälliges ge- funden werden. Besonderer Wert wird darauf gelegt, naturnahe Mode herzustellen. Manchmal sogar bio, aber auf alle Fälle aus Naturtextilien hergestellt, sollen die Kleidungsstücke langjährige Begleiter sein.

BABS
Lange Gasse 2 | www.babs-mod.at

Wahrlich wandelbar sind die modischen Einzelstücke von Barbara Holcmann. Die Designerin kreiert in ihrem Shop / Atelier nämlich besonders raffinierte Damenmode. Viele Teile lassen sich multifunktional einsetzen und mit ein bisschen

BABS (c) Petra Rautenstrauch

Geschick vom Kleid zum Rock, vom Rock zum Shirt, vom Shirt zur Hose verwandeln. Ein Label für unkonventionelle Großstadtheldinnen, kreative Optimistinnen und alle, die gerne flexibel durchs Leben gehen!

BIO FEINKOSTLADEN
Lange Gasse 4

Besondere Backwaren: Dafür lieben die Josefstädter ihren Bio Feinkostladen. Er gilt als die älteste Bio-Bäckerei Wiens. Demeter-Brot erhält man hier, aber auch ein täglich frisches, vegetarisches Mittagsmenü. Wer mag, verzehrt die Leckereien direkt vor Ort. Shoppen geht natürlich auch: biologisch erzeugtes Obst und Gemüse, Käse, Milch- und Wurstprodukte, Waren von Sonnentor und noch einiges mehr. Eine Bio-Wohlfühloase.

BOOTS
Skodagasse 19 | www.boots-int.de

„These Boots Are Made For Walkin'", so lautet das Motto hier. Unter anderem allerdings, denn schick anzusehen sollen die Dinger ja auch sein. Das Boots ist eine alt eingesessene Adresse für Liebhaber von Westernstiefel, Stiefeletten, Engineerboots, Newrock Boots und Bikerboots. Wer darauf steht, der wird hier garantiert fündig, schließlich ist die Auswahl beeindruckend groß. Von Stiefelzubehör über Ersatzteile bis zu Pflegeprodukten, von Lederhosen über Jacken bis zu Gürteln reicht das Sortiment in dem Shop.

BOTTELINI
Josefstädter Straße 42

Vielgereiste kennen dieses Gefühl. „Da gab es doch dieses eine Getränk, wie hieß es doch gleich? Das gibt's bei uns nirgends." Jetzt gibt es das schon bei uns - und zwar im Bottelini. Da findet man alles, was es sonst nicht gibt. Aus anderen Ländern, in anderen Geschmackssorten, anders verpackt - und nicht einmal so teuer. Einkaufen ist also lustig und selbst wer nichts kauft, kann zum Staunen kommen, weil Fremdes doch immer irgendwie interessanter ist als Altgewohntes.

BUCHHANDLUNG ECKART
Josefstädter Straße 34 | www.eckartbuchlux.eu

In dieser traditionell-gemütlichen Buchhandlung findet man bestimmt etwas zum Schmökern, egal ob unterhaltsame

Urlaubslektüre, einen Literatur-Klassiker oder einen Reiseführer. Aber es gibt noch einen Grund, hierher zu kommen: die wunderschönen, meterhohen Räume, bis oben hin randvoll mit Büchern. Berauschend schnell vergisst man hier, in dieser kleinen Bücheroase, die stressige Welt draußen. Passend zur Gemütlichkeit ist das Sortiment auch nicht nur auf Bücher beschränkt - feine Weine des südsteirischen Weinguts Warga-Hack und andere Köstlichkeiten warten auf die Besucher!

BUCHHANDLUNG ERLKÖNIG
Strozzigasse 19 | www.erlkönig.at

Dass kleine Bookshops heute mehr denn je gefragt sind, beweist Tilman Eder. Sein Buchgeschäft wartet Lesefreunden mit einem breit gefächerten Sortiment auf: Neue Romane - der Schwerpunkt liegt auf österreichischer Literatur - haben es ihm ebenso angetan wie Krimis, Kochbücher, Reiseführer oder Sachbücher über geschichtliche, politische oder soziologische Themen. Die Zusammenarbeit mit Autoren wird hier ernst genommen, weshalb immer wieder nette Lesungen stattfinden. Informieren, hinschauen!

BUCHHANDLUNG LERCHENFELD
Lerchenfelder Straße 50 | www.lerchenfeldbuch.at

Einfach nur wohl und gut beraten fühlt man sich als Leseratte in der Buchhandlung Lerchenfeld. Mag sein, dass das an den schönen Räumlichkeiten liegt, oder an den sympathischen Inhabern. Sicher aber trägt das Sortiment seinen Teil dazu bei: Die breite Masse an Literatur reicht von literarischen Klassikern über Krimis und Sachbüchern bis zu englischen Taschenbüchern. Erwähnenswert: Die riesige Bob Dylan - Abteilung. Und die Tatsache, dass es auch an Veranstaltungen nicht mangelt.

BUCHHANDLUNG STÖHR ANTIQUARIAT
Lerchenfelder Straße 78-80 | www.buchhandlung-stoehr.at

Was sich hinter der gräulichen Außenfassade verbirgt, ist schon erstaunlich: ein riesiger Schatz antiquarischer Bücher. Und nicht irgendwelche. Seit 1978 hat man sich hier auf Militärgeschichte, Waffentechnik und Modellbau spezialisiert. Wer sich also für die U-Boote der k.u.k.-Armee, mittelalterliche Mode, die Fregatten Maria Theresias, die Schlachten des Amerikanischen Bürgerkriegs oder die Flugzeugtechnik der beiden Weltkriege interessiert, ist hier an der richtigen Adresse. Sicherlich kein Angebot für jedermann, auf jeden Fall aber für Geschichte-Freaks und Historiker.

CELESTINE
Josefstädter Straße 46

Celestine ist eine kleine Boutique, die sich auf exklusive Second-Hand-Klamotten, Designer- und Vintage-Mode eingeschworen hat. Große Namen sind es, die das Angebot zieren: von Armani bis zu Prada und Versace. Die Auswahl reicht von neuwertigen Kleidern bis zu genialen Einzelstücken. Und die Preise? Die sind überwiegend leistbar. Abseits der bekannten Labels zahlt es sich aus im Vintage-Fundus des Shops zu stöbern: Hier findet man rare Stücke aus den 50ern oder 60ern.

CITY WELLNESS
Lenaugasse 5 | www.citywellness.at

Von Waxing über Make-Up, Pediküre, Massagen, Solarium bis hin zu Botox-Behandlungen und Personal Training wird hier so ziemlich alles angeboten. Man fühlt sich in jedem Bereich gut behütet und in professionellen Händen und kann sich hier rundum verwöhnen und verschönern lassen. Besonders hervorzuheben sind auch die für Berufstätige praktischen Öffnungszeiten. Unter der Woche hat das City Wellness nämlich sogar bis 21:00 Uhr geöffnet.

CLAUMA DESIGN
Lerchenfelder Straße 6 | www.clauma.at

Clauma Design, das sind Claudia und Markus Raab. Während Schneidermeisterin Claudia als leitende Kostüm- und Bühnenbildnerin der Bregenzer Festspiele Expertise beweist, ist Ehemann Markus als Typograph und Opernsänger tätig. Was bei dieser kreativen Mischung herauskommt? Einzigartige, rockig-bunte Umhängetaschen mit dem gewissen schaurig-schönen Etwas, Mode aus fließenden Mustern und knalligen Farben, unkonventionelle und dennoch körperschmeichelnde Schnitte. Aber Achtung: Der Shop mit den besonderen Stücken öffnet nur nach Vereinbarung seine Pforten. Vorher melden ist angesagt!

COMIC GALERIE
Albertgasse 24 | www.comic-galerie.at

In dem dicht gefüllten Shop tummeln sich X-Men, die Avengers und Batman ebenso wie Tintin, Barbie und Manga-Helden aller Art, sowie Gamecards, Poster, Actionfiguren und Sammelalben. Eine Art Mekka für alles, was auch nur irgendwie mit Comics, Graphic Novels, Mangas und Animes zu tun hat. Positiv überrascht waren wir vor allem von dem Angebot an importierten DVDs und CDs aus Japan, aber auch von den Soundtracks. Wildwest-Nostalgiker dürften sich hier ebenfalls im Eldorado wiederfinden – die Comic Galerie verkauft Nachdrucke diverser Vor- und Nachkriegs-Romanserien wie „Buffalo Bill", „Kansas Jack" oder „Alaska Jim".

CONFISERIE ZUR LERCHE
Lerchenfelder Straße 112 | www.confiseriezurlerche.com

Die alteingesessene Confiserie blickt auf eine lange Tradition zurück. Seit über 100 Jahren wartet man hier mit originellen wie zuckersüßen Ideen auf. So kann man beispielsweise

Confiserie zur Lerche

(c) Detailsinn Fotowerkstatt

auch Nichtrauchern mit Zigarren eine Freude machen – garantiert nikotinfrei aus reinster Zartbitterschokolade. Trüffelkugeln, Konfekte mit diversen Füllungen, kandierte Blüten, quietschbunte Jelly Beans und Schokoladen-Ale geben sich hier ebenfalls ein Stelldichein. Die gelungene Mischung aus nostalgischem Inventar und zeitgemäßem Angebot macht diese Confiserie zu etwas Besonderem.

DETAILSINN FOTOWERKSTATT
Schönborngasse 10 / Magazin I / www.detailsinn.at

Diese zwei haben's drauf: Das Fotografenpaar Maurizio Maier und Teresa Zötl. Handwerklich professionell und mit einem geübten Auge für das Ästhetische wissen sie, wie man Dinge richtig in Szene setzt und einem Bild das „gewisse Etwas" verleiht. Neben Aufträgen für namhafte Unternehmen und

(c) Die Brille Philipp

Printmedien haben sich die beiden vor allem auf Stillleben- und Portraitfotografie spezialisiert. Egal ob Hochzeits- oder Babyfotos, Gruppenbilder oder persönliche Arrangements, kaum etwas ist unmöglich. Auch ein Shop ist in der Foto-werkstatt untergebracht. Hier lassen sich kreative Kunst-drucke, Postkarten, Geschenke und sogar einige Kameras sowie Zubehör erwerben.

DIE BRILLE PHILIPP
Josefstädter Straße 70

Die meisten Menschen entscheiden sich nicht freiwillig dafür, eine Brille zu tragen. Steckt man aber in der Situation, einen Sehverstärker kaufen zu dürfen, kann man aus der Not doch auch eine Tugend machen - und das geht selten an einem Ort besser, als bei Brille Philipp in der Josefstädter Straße.

Das kleine Geschäft bietet vielleicht nicht die allergrößte Auswahl wenn es um bekannte Marken geht, dafür deckt das Sortiment besonders viele kleine und individuelle Brillenhersteller ab. Und auch die Beratung ist außergewöhnlich gut. Da überlegt man dann tatsächlich, ob man nicht doch freiwillig zum Brillenträger werden sollte.

DIE HÖLLEREI
Florianigasse 13 | www.diehoellerei.at

In der Höllerei dreht sich alles um himmlische Genüsse und im Zentrum des Geschehens stehen dort Köstlichkeiten aus Österreich, die man oftmals in ihrer Kombination so noch nicht gesehen hat. Aber selbst wenn einmal etwas nicht aus Österreich kommt, weiß man dort zu 100%, wo es produziert wird. Alle Informationen zu den Produzenten kann man auch auf der Homepage durchlesen, oder man fragt einfach die Inhaberin, wenn man sich das nächste mal ein Chutney holt.

DIE RAUMELFEN
Lange Gasse 34 / Piaristengasse 56-58 | www.dieraumelfen.at

Die beiden Schwestern Alexandra Schnögass-Mück und Nicola Daxberger haben jede Menge Erfahrung, was die professionelle Planung und Einrichtung von Kinderzimmern betrifft. Die Kernkonzepte: Kreative Raumnutzung, Multifunktionalität der Möbel, exklusive Qualität bei der Auswahl der Materialien und Marken. Verwinkelte Stockbetten mit Kuschelecken und Brücken, Möbelträume in babyblau, oder gleich ein überdachtes Prinzessinnen-Bett mit schimmerndem Polster?

DOLL'S BLUMEN
Lange Gasse 62 | www.florist.at

Blumen sind wahre Freudenspender. Ob leuchtend in bunten Farben, grazil-dezent oder opulent, ob herrliche Rosen, duftender Flieder, vielfältige Gestecke oder lachende Margeriten-Blüten, hier sind sie zu Hause - bei Doll's Blumen. Das Blumenfachgeschäft von Karin und Bernd Doll besticht mit liebenswerter Atmosphäre, fachlicher Kompetenz und Vielseitigkeit.

DOTKIND
Albertgasse 19 | www.dotkind.at

Entzückend und liebevoll stylish ist die dänische Kindermodeboutique dotkind. Hier gibt es lebensfrohe Kleidung, Kinderzimmermöbel und Schuhe für Kinder von 0 - 12 Jahren;

Dotkind

auch Damenmode und putziges Spielzeug sind zu finden. Im Sortiment vertreten sind hochwertige Marken wie Molo Kids, Danefae oder Smafolk. Praktisch ist, dass die kreativen Designs und bunten Aufdrucke nicht nur die Eltern ansprechen, sondern auch den Geschmack der Kids treffen. Denn welches Kind freut sich nicht, wenn sich auf bequemen Klamotten Blumen, Pferde, Eulen oder Spielzeugautos tummeln?

ENGELECKE
Alserstraße 21

Bereits seit 1952 lockt die Engelecke - und zwar nicht nur mit ihrem süßen Namen, den sie ihrem Gründer Johann Engel zu verdanken hat, sondern auch mit Ambiente und verführerischen Schokoladenaromen. Schon das Betreten der Confiserie gleicht einer Zeitreise: So manch einer fühlt sich schlagartig in die Kindheit zurückversetzt, als man noch mit großen Augen die vielen bunten Köstlichkeiten bestaunte und nachts von Pralinen und Geleewürfeln träumte.

ESCA
Lange Gasse 19 | www.esca.at

Klein, modern und intim ist das Design- und Grafik-Büro, das die Geschwister Esca hier betreiben. Hier sagen sich sogar die Füchse gute Nacht. Auch die Waschbären, die Eulen, die Schwäne und die Grinsekatzen. Sie alle finden sich nämlich als wunderschön präzise, schlichte und originelle Drucke auf T-Shirts und Röcken, Hoodies und Porzellanbechern wieder, umgeben von Märchenwäldern und fantasievollen

Landschaften. Esca hat aber durchaus mehr zu bieten als Drucke. Die bunten Schmuckkreationen aus geschnittenem Acrylglas beweisen dies eindrucksvoll - Wolfsköpfe, Geweihe und Piratenschiffe hängen da dekorativ an Ketten und Ohrringen. Fantastisch!

ESSENSWERT
Schlösselgasse 20 | www.essenswert.at

Ein tolles Prinzip: Von Freitag bis Dienstag kann man auf der Essenswert Homepage Bestellungen abgeben. Zum Beispiel Waldviertler Bauernbrote aus Sauerteig, reinsortiger Bio-Birnensaft oder Gemüsesorten von Arche Noah-Kooperationspartnern. Dann schließt der Webshop und die Bestellungen gehen an die regionalen BäuerInnen. Freitags ist der Essenswert Shop dann geöffnet und das Gewünschte liegt abholbereit. Und wer einmal aufs Bestellen vergisst, muss sich nicht sorgen: Haltbare Produkte, wie etwa Bio-Weine oder Marmeladen, sind meist auf Lager.

GRADWOHL
Josefstädter Straße 60 | www.gradwohl.info

Sucht man Gebäck und frisches Brot abseits der altbekannten Bäckereiketten, und hat aber dennoch keinen Bauernmarkt ums Eck, dann ist Gradwohl die richtige Adresse. Bei Gradwohl gibt es Backwaren, die nur so nach gesunden Körnern riechen. Buchstäblich. Die Hildegard von Bingen Philosophie zieht sich durch das BIO und Vollkornangebot und man hat das Gefühl ein Roggenweckerl hat wohltuend heilende Eigenschaften. Zumindest bei den Kuchen und Keksen von Gradwohl muss das ziemlich sicher zutreffen.

HAARMONIE NATURFRISEUR
Lange Gasse 46 | www.haarmonie.at

Die erste Naturfrisörmarke Europas - das ist Haarmonie. Und hier werden ausschließlich Naturprodukte verwendet. Von den Haarwaschmitteln über die Farbe bis hin zu den Bürsten ist hier alles aus der Natur und somit auch leicht verträglich. Also, wer mit Kopfhaut und Haaren zu kämpfen hat oder einfach auf der Suche nach Haarpflege fern ab von Silikonen ist, der weiß, wo er in Zukunft seinen neuen Haarschnitt abholt.

HERZILEIN
Josefstädter Straße 29 | www.herzilein-wien.at

Wer schon einmal einen Herzilein Shop gesehen hat - und die sind zum Glück nicht leicht zu übersehen - der weiß, dass der Name genauso gut zum Geschäft passt, wie Honig zu Bienen. Zuckersüß ist das Angebot, das von Kindermode und Stoffen über Accessoires bis hin zu allerlei Lieblichem reicht.

KAINERSTORFER SCHMUCKHANDEL
Josefstädter Straße 5

Hinter dem Kainerstorfer Schmuckhandel sollte man sich keine gewöhnliche Schmuckhandlung vorstellen. Denn hier ist man auf Edelsteine spezialisiert. Darüber hinaus kann man auch liebgewonnenen Schmuck zur Reparatur bringen.
Das Besondere ist hier jedoch, dass jede Anfertigung mit einem

persönlichen Gespräch verbunden ist. Die Besitzerin, Regina Kainerstorfer hat viel Wissen über Edelsteine, ihre Bedeutung und Wirkung angesammelt und steht mit Rat und Tat zur Seite.

KRÄUTERDROGERIE
Kochgasse 34 | www.kraeuterdrogerie.at

Die Kräuterdrogerie ist mehr als bloß ein Geschäft für Gewürze, Tees und Gesundheitsratgeber. Hier wird Ayurveda mit Leib und Seele vermittelt. Geführt von einem kompetenten wie engagierten Team aus Drogistinnen und Köchinnen ist die Kräuterdrogerie so etwas wie eine Wohlfühloase mitten in der Stadt. Ob zum Schmökern in veganen Kochbüchern, zum Stöbern zwischen zahllosen Kräuterteevariationen oder schlicht um ein ausgewogenes, vegetarisches oder veganes Mittagsmahl zu genießen – hier bleibt man automatisch hängen!

LA TROUVAILLE
Blindengasse 2 | www.la-trouvaille.com

Eine wahrlich charmante Kombination von Geschäftszweigen bietet La Trouvaille: Sowohl gebrauchte Bücher als auch erlesene französische und österreichische Weine lassen sich hier erstehen. Ob Weißwein, Rosé, Rotwein oder Schaumwein, bei den regelmäßig stattfindenden Verkostungen wird der feinschmeckerischen Weiterbildung Genüge getan. Es ist allerdings ratsam, sich vorher anzumelden - das Lokal ist nicht sehr geräumig. Als kleine Extras werden im La Trouvaille auch mehrere Sorten Bio-Honig, Lavendelöl und Traubenkernöl verkauft.

LEBERKAS WILLI
Josefstädter Straße 73 | www.leberkaswilli.at

Hier duftet es herrlich nach Leberkäse. Wer aber beim Leberkas Willi - der Name ist übrigend abgeleitet vom Satz „An Fleischkas will i" - sein Leberkässemmerl kauft, hat die Qual der Wahl: Soll es der Leberkas mit Chili sein? Der mit Spinat? Der Waldviertler mit Käse? Oder doch lieber der Rustikale Münchner? Schmecken wird's – ob man nun „Leberkäse" oder „Fleischkas" dazu sagt, ist wurscht.

LESEWELT
Strozzigasse 14 | www.lesewelt.at

Diese Kinder- und Jugendbuchhandlung bietet eine enorme Bandbreite für die frühen Jahre: vom Buggy-Buch über Kinderlieder bis zu den ersten Reimen bekommt man hier alles, auch sorgfältig ausgewählte Geschichten zum Vorlesen kommen nicht zu kurz. Ältere Kids bis etwa 14 finden hier wertvollen wie spannenden Lesestoff - von Weltreise-Geschichten über historische Romane, Teenie-Romanzen und Fantasy-Abenteuer. Last but not least ist die Lesewelt mit ihren Fachbüchern für Logopädie, Entwicklungspsychologie und Kindergartenpädagogik auch für PädagogInnen eine Fundgrube.

MALA
Josefstädter Straße 17 | www.mala-wien.at

Das kleine Geschäft in der Josefstädter Straße bietet alles, was das skandinavische Modeherz schneller schlagen lässt: von Bruuns Bazaar über Filippa K, bis hin zu Day Birger et Mikkelsen. Die Kollektionen bestehen aus eleganter Every-Day-Wear, die unkompliziert wirkt und dennoch einen eleganten Charme ausstrahlt. Damit der Wohlfühl-Faktor garantiert ist, wird man im Geschäft zusätzlich mit Getränken und kleinen Snacks verwöhnt.

MUSO KORONI
Josefstädter Straße 33 | www.muso-koroni.com

Vegan, fair, nachhaltig und modisch - so kann man im muso koroni shoppen. Der Name kommt von der westafrikanischen Göttin, die als 'Mutter aller Lebewesen' bekannt ist und für das Pflanzenwachstum und die Tiere zuständig ist. Die Wertschätzung für die Natur und die Lebewesen spiegelt sich auch in der Geschäftsphilosophie wider, denn es wird darauf geachtet, dass Produzenten und Lieferanten vegan herstellen und im Umgang mit Mutter Erde sehr bedacht sind.

MY CHOCOLATE
Alser Straße 49 | www.mychocolate.at

Ein Paradies für Chocoholics und für Geschenk-Suchende. Trinkschokolade, süße Täfelchen, zum Mitnehmen, zum Probieren, aus allen Gegenden der Welt und garantiert verführerisch gut! My Chocolate bietet wirklich alles, was man als Schokofreund so braucht.

NATURKOSMETIK JOSEFSTADT
Josefstädter Straße 52 | www.naturkosmetikjosefstadt.at

In diesem Geschäft werden vielseitig zertifizierte Naturprodukte angeboten, mit denen einem natürlichen Verwöhnprogramm für die Haut nichts mehr im Wege steht. Kompetent beraten, findet man hier sowohl afrikanische Fair-Trade Produkte, die mit Essenzen und Ölen aus der Sub-Sahara überzeugen, als auch österreichische Pflegelinien höchster Qualität. Sämtliche Artikel sind vegan, biologisch und tierversuchsfrei hergestellt!

PLANET VAPES
Albertgasse 4 | www.planet-vapes.at

Mit Geschmackssorten von Kaffee bis Erdbeer-Käsekuchen und von Designs mit Blümchen bis hin zu Totenköpfen. Es gibt sie online und es gibt sie vor allem auch hier. Die Rede ist natürlich von der E-Zigarette. Planet Vapes hat sich voll und ganz der elektronischen Rauch-Alternative gewidmet und verkauft allerlei Zubehör für das trendige Ding. Wer hätte gedacht, dass rauchen so abwechslungsreich und wohlriechend sein kann?

Planet Vapes

POTSTILL
Strozzigasse 37 | www.potstill.org

Das Potstill gibt es nun schon über 20 Jahre und verspricht alles, was das Herz begehrt in Sachen Whiskey und Zubehör. Der Inhaber weiß, was er hat und wovon er spricht, weshalb ein Besuch im Potstill immer eine lehrreiche Einkaufsstunde wird. Verkauft werden vor allem Single Malt Whiskeys aus teilweise bereits geschlossenen Destillerien, aber auch eine Auswahl an Gin, Vodka, Rum und sonstigen Likören.

RADIO KREJCIK
Alser Straße 45-47 | www.krejcikshop.at

Bei Radio Krejcik kann wirklich jeder einkaufen. Von der Waschmaschine bis zum Tablet findet man hier alles, was mit Technik oder Elektronik zu tun hat. Seit mehr als einem Jahrhundert wird das Unternehmen von Familie Krejcik geführt

(c) Radio Krejcik

und mittlerweile gibt es auf über 1.000 Quadratmeter Ausstellungsfläche alles, was das Haushaltsgeräteherz begehrt.

REFILL 1080
Lerchengasse 2 | www.tonerexpert.at

Vielen von ständig leeren Patronen Geplagten hat Refill schon einiges an Geld und Nerven gerettet. Natürlich bekommt man in dem Druckfachgeschäft auch Original-Patronen und Zubehör, doch der eigentliche Hit sind die Wiederbefüllungen: Einfach mit der leeren Patrone kommen und im Shop wieder anfüllen lassen! Wer Tintenpatzerei im eigenen Heim nicht scheut, fährt noch billiger, wenn er sich ein Refill-Set anschafft. Leere Patronen werden per Spritze und Tintenfläschchen wieder gefüllt.

Refill 1080

RUMPELSTILZCHEN SPIELWAREN
Lange Gasse 72 | www.rumpelstilzchen-wien.com

Dort gilt die Devise: weniger Mainstream-Spielzeug aus Kunst-stoff, dafür mehr handgearbeitete Ware aus Holz. Der Shop verfügt über ein großes Sortiment von Holz- und Nostalgiespiel-zeug, Geschicklichkeitsspielen, Autos, Kasperlfiguren, Lernspie-len, Musikinstrumenten und sonstigem Schabernack. Fein ist auch das Angebot an Workshops, in denen Kindern Diabolo, Flower-Sticks oder auch das Jonglieren näher gebracht werden.

SPIELWAREN HEINZ
Josefstädter Straße 54 | www.spielwarenheinz.com

Spielwaren Heinz - das ist ein buntes Paradies für jeden, der sich wieder Kind fühlen will oder Kinder zu Hause hat. Von

Spielwaren Heinz

Spielen, Kuscheltieren, kleinen Geschenken und Kinder-
büchern bis hin zu Modellbahnen findet hier jeder, was er
zum Zeitvertreib brauchen könnte. Und zwar nicht nur Jung,
sondern auch Alt wird sich schnell im Paradies finden.

STOR>
Strozzigasse 38 | www.storstore.blogspot.co.at

„Stor" steht für das Wort groß und der Name ist bei der
Mode des Shops auch definitiv Programm, denn hier gibt es
Kleider, Hosen und Co. erst ab Größe 42 und zwar im pu-
ristisch, eleganten skandinavischen Stil. Neben Marken wie
carmakoma, House Doctor und Yppig bietet die Geschäfts-
inhaberin auch ihre eigens designte Kollektion an. Nach
Vereinbarung kann man sogar ein privates Shoppingerlebnis
mit den besten Freundinnen buchen.

SUZIE WONG
Fuhrmannsgasse 1

Von T-Shirts über Kleider, Hosen, Umhängetaschen und Hüte bis hin zu ausgeflippten Accessoires, hier werden kreative Frohnaturen fündig. Etwas unfair: Für Damen ist das Sortiment durchaus umfangreich, Herren müssen sich mit weniger Auswahl (vor allem Print-Shirts) zufrieden geben.

TALKING TEXTILES
Josefstädter Straße 6 | www.talkingtextiles.at

Hier erzählen Stoffe Geschichten. In diesem Geschäft gibt es reichlich zu bestaunen: Handgefertigte und kunstvoll bestickte Stoffe, farbenprächtige Schals aus schimmernder Seide und aufwändiges Kunsthandwerk aus Metall oder Keramik werden hier verkauft. Die Produkte aus Indien und Südostasien sind handge-

talking textiles

arbeitet, wobei Fair Trade und nachhaltiger Umgang mit der Umwe
zur Unternehmensphilosophie gehören. Die Arbeit verhilft vor allem
Frauen zu mehr Autonomie. Fazit: Ein tolles soziales Projekt und e
echte künstlerische Schatzgrube!

GALERIE UNIK.AT
Josefstädter Straße 40 | www.unik.at

Das Projekt unik.at verbindet soziales Engagement mit aktiver Ku
förderung. Sämtliche Werke werden von Menschen mit Beeinträc
tigungen gefertigt, die so ebenfalls ihren Platz in der Arbeitswelt f
den, Gewinne werden in humanisierte Arbeitsplätze und Lehrstell
investiert. Weiters arbeitet die Galerie mit über 80 österreichische
Künstlern und Designern zusammen. Was wird geboten? Einziga
tige Werke aus Porzellan, Holz und Metall, Kerzen, Textilien. Und
Bilder, die jeweils eine ganz besondere, eigene Geschichte erzäh
len. Immer wieder gibt es auch Vernissagen und Events!

VEGA NOVA
Josefstädter Straße 63 | www.veganova.at

Bei Vega Nova dreht sich alles um das ergonomische Gehen, Sit
und Liegen. Das Hauptaugenmerk liegt auf Schuhen, die einen
Mehrfacheffekt haben: Von Benvado bis Think! haben sich die do
erhältlichen Labels nicht nur der Fuß-Gesundheit verschrieben. H
her Tragecomfort ist zwar ein Muss, aber auch auf Design wird W
gelegt: Zeitlos, klar und oft farbig nimmt es sich aus. Nachhaltig s
die Fuß-Schmeichler obendrein, schließlich werden die Sohlen et
aus Materialien wie recyceltem Kautschuk hergestellt.

WIENER RÖSTHAUS
Tigergasse 33 | www.wienerroesthaus.at

Hier werden nur 100-prozentige Arabica Bohnen bezogen – aus verschiedenen Ländern, aber mit den gleich hohen Standards. Die Besitzer des Wiener Rösthauses wollen die Kaffeebauern durch ihren Einkauf fördern und somit auch Projekte in den Bezugsländern unterstützen. Nachdem die Rohbohne es endlich nach Josefstadt geschafft hat, wird der Röster angeheizt, die Bohnen sorgfältig verarbeitet und in der Tigergasse verkauft.

5LIFE VOLLHOLZMÖBEL
Florianigasse 35 | www.5life.at

Wer auf der Suche nach Möbeln abseits der altbekannten Möbelketten ist, auf elegante Designs steht und noch dazu gerne sein zu Hause etwas nachhaltig einrichten will, der wird sich in den Räumlichkeiten von 5life wohlfühlen. Hier werden verschiedenste Einrichtungsgegenstände ausgestellt und verkauft - von Lampen, Skulpturen, Kücheneinbauten und Wohnzimmertischen bis zur guten alten Couch - alles aus hochwertigen Materialien und aus der Handarbeit verschiedenster Produzenten. Wohlfühlmöbel für Jedermann!

SERVICE, SERVICE, SERVICE!

Manche Sachen gibt es zwar oft, aber man findet sie genau dann nicht, wenn man sie braucht. In der Josefstadt findet man jetzt alles. Auf den nächsten Seiten sind die wichtigsten Servicestellen aufgelistet, sodass ihr nie mehr im Dunklen tappen müsst.

CITYBIKES

- Lerchenfelder Straße / Schottenfeldgasse
- Albertgasse / Josefstädter Straße
- Josefstädter Straße U6
- Alser Straße / Feldgasse
- Frankhplatz vor der Österreichischen Nationalbank
- Friedrich Schmidtplatz an der Landesgerichtsstraße

APOTHEKEN

- Apotheke „Zur heiligen Johanna" Florianigasse 13
- Kaiser Josef Apotheke Alser Straße 51
- Alte Löwen-Apotheke Josefstädter Straße 25
- Maria-Treu-Apotheke Josefstädter Straße 68
- Welt-Apotheke Lerchenfelder Straße 122

POST

- Postfiliale Maria-Treu-Gasse 4
- Postfiliale und BAWAG PSK Bennogasse 1
- Postfiliale und BAWAG PSK Alser Straße 31

BANKEN

- Bank Austria Josefstädter Straße 23
- BAWAG PSK Filiale Bennogasse 1
- BAWAG PSK Filiale Alser Straße 31

- Erste Bank der oesterreich. Sparkassen AG Alser Straße 23
- Erste Bank der oesterreich. Sparkassen AG Josefstädter Str. 75
- Oberbank AG Josefstädter Straße 28
- Raiffeisenlandesbank NÖ-Wien AG Alser Straße 49

TRAFIKEN

- Trafik Maria Pena De Thomas Josefstädter Straße 50
- Trafik Elfriede Konczier Schönborngasse 15
- Trafik Leopoldine Regina Zotter Josefstädter Straße 61
- Trafik Gabriele Hirsch Josefstädter Straße 40
- Trafik Gerhard Paul Laudongasse 30
- Trafik Wilhelm Bründl Laudongasse 54
- Trafik Vera Rosam Lerchenfelder Straße 32

TANKSTELLE

- AWI Florianigasse 69

PARKHÄUSER

- Apcoa Parking Austria GmbH Tigergasse 18
- Apcoa Parking Austria GmbH Lerchenfelder Straße 2-4
- Apcoa Parking Austria GmbH Schlesingerplatz
- Astoria Hochgarage Trautsongasse 4
- Hamerlingplatz Tiefgarage Hamerlingplatz

Oberbank
3 Banken Gruppe

Vom Eigenheim träumen. Und dann?

Der Oberbank Wohnbankkredit: einfach, flexibel und günstig.

Mirnes Delic
Privatkundenberater
der Oberbank Wien-Josefstadt
Tel.: 01 / 40 63 999-41422
mirnes.delic@oberbank.at

DIE JOSEFSTADT ENTDECKEN - STADTSPAZIERGÄNGE

Es ist Zeit für eine Entdeckungsreise durch die Josefstadt. Mit offenen Augen und dem Zeigefinger auf den nächsten Seiten dieses Buches. Wir schlendern durch Breitenfeld, wir entdecken kleine Shops und große Kirchen, wir shoppen in den ausgefallensten Geschäften und wir feiern bis zum Umfallen. Acht Touren durch den kleinen Achten haben wir uns überlegt und jede einzelne von ihnen verspricht Großes.

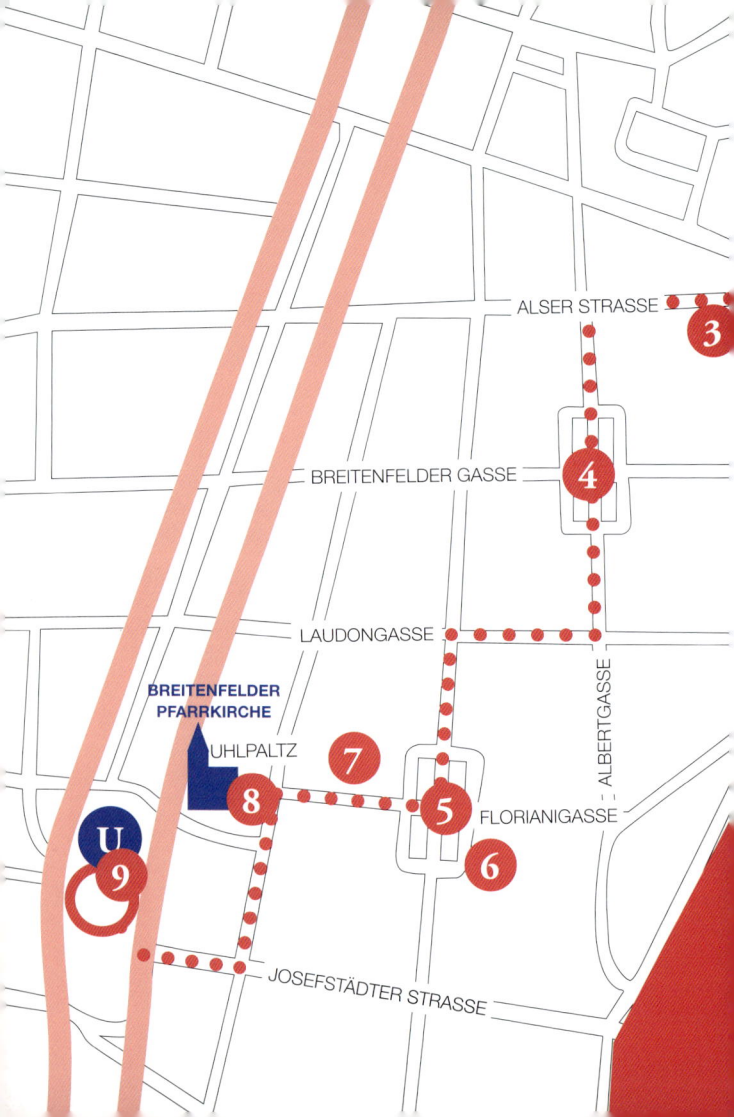

ALSER STRASSE

3

BREITENFELDER GASSE

4

LAUDONGASSE

ALBERTGASSE

BREITENFELDER
PFARRKIRCHE

UHLPALTZ

7

8

5

FLORIANIGASSE

6

U

9

JOSEFSTÄDTER STRASSE

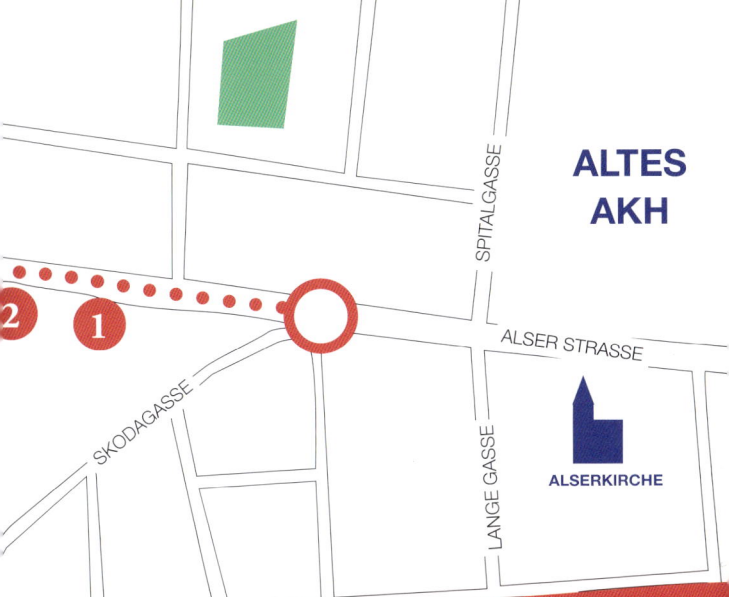

BREITENFELD AT ITS BEST

1. EISSALON SOMMARIVA Alser Straße 45
2. MY CHOCOLATE Alser Straße 47
3. TATTOO & ART VIENNA Alser Straße 57
4. ALBERTPLATZ
5. BENNOPLATZ
6. PRINZ FERDINAND Bennoplatz 2
7. WIENER SCHUHMUSEUM Florianigasse 66
8. BREITENFELDER PFARRKIRCHE Florianigasse 70
9. CAFÉ CARINA Josefstädter Straße 84

BREITENFELD AT ITS BEST

**Lebendig, laut, chic und knisternd vor geballter Gesel-
ligkeit - so kennt man die Josefstadt. Dass der Bezirk
aber auch sehr, sehr gemütlich sein kann, erlebt man
auf einem Spaziergang durch Breitenfeld, dem nord-
westlichen „Eckerl" des Achten.**

**Wir beginnen unseren Erkundungsgang an einem Ort
voller Menschen - bei der Station Skodagasse nach
einer mehr oder weniger kuschelig gedrängten Fahrt
mit den öffentlichen Verkehrsmitteln.**

SCHOKOLADE UND EIS AM MORGEN VERTREIBEN KUMMER UND SORGEN

Die Entschädigung für die mühsame Anreise per Bim oder
Bus liegt jedoch nicht fern. Nur ein kleines Stück die Alser
Straße stadtauswärts gewandert, und schon stoßen wir bei
Nummer 45 auf den italienischen **Eissalon Sommariva**[1].
Schon seit 1981 werden hier Schleckermäuler mit kalten
Köstlichkeiten versorgt.

Die zweite Entschädigung liegt nur vier Nummern weiter auf
49 und heißt **My Chocolate**[2]. Eine Warnung: Chocoholics
werden die liebenswerte, belgisch-französisch inspirierte
Chocolaterie schwerlich wieder verlassen können. Die zart

schmelzenden Pralinen, die handgeschöpften Tafeln, die mit feinster Schokolade übergossenen Früchte, das Marzipan, die raffinierten Gewürze und die in über 50 Sorten erhältlichen Trinkschokoladen machen einem die Entscheidung auch nicht einfach.

A PECKERL, BITTESCHÖN

Nach wenigen Metern kommen wir auf Nummer 57 bei **Tattoo & Art Vienna**❸ vorbei, einem der besten Tattoo- und Piercingstudios Wiens. Dass hier wahre Kreativköpfe werken, merkt man sowohl an der lässigen, stilsicher unkonventionellen Einrichtung, als auch beim Betrachten der Kataloge von Tattoo-Motiven. Das Studio selbst besticht durch Sauberkeit und Hygiene.

GMIATLICH, OID, SCHEE

Wir biegen nach links in die Albertgasse und schlendern diese entlang. Nur noch leise vernehmen wir das Bimmeln der Straßenbahn, wenn wir schließlich an einem wunderschönen Fleckerl altem Wien innehalten: dem **Albertplatz**❹. Gelegen an der Schnittstelle von Breitenfelder Gasse und Albertgasse, findet man hier gleich zwei Kleinodien der Biedermeier-Architektur: Adrett in gelb und mit Efeu überwuchert, steht das „Gaberschlössel" da, davor plätschert der romantische gusseiserne Isisbrunnen.

Gaberschlössel / Isisbrunneren

AUF ZUM MITTAGSMAHL!

Auf der Suche nach delikatem Essen folgen wir der Albert-gasse bis zur Laudongasse. In diese biegen wir rechts ein und gehen ein Stück. Ist die Bennogasse erreicht, geht es hinunter zum **Bennoplatz** ❺, dem viergeteilten Herzen Breitenfelds. Viel Grün, lauschige Bankerl, ein Ball- und ein Kinderspielplatz machen den Platz zu einer gemütlichen Freizeitoase.

Und dann wäre da noch etwas am Bennoplatz: Das Beisl **Prinz Ferdinand** ❻. Die gediegene Lokalität mit Gastgarten verspricht nicht nur Ambiente, sondern auch feine, originelle Wiener Küche. Äußerst schmackhaft sind auch die preiswer-ten, täglich wechselnden Menüs. Perfekt für die Mittagspause.

ZEIG HER DEINE SCHUH!

Bereit für neue Entdeckungen biegen wir in die Florianigasse ein und setzen unsere Wanderung in Richtung Gürtel fort. Kaum sind ein paar Schritte getan, stoßen wir auf das **Wiener Schuhmuseum** ❼. An bestimmten Tagen kann man hier zwi-schen 16:00 und 19:00 Uhr antikes, elegantes und himmlisch wunderliches Schuhwerk aus Österreich bestaunen. So etwa die ledernen Reitstiefel Kaiser Franz Josephs, Skischuhe der etwas älteren Sorte und Fußballschuhe berühmter Kicker. Inno-vative, wie handgefertigte Designerstücke von anno dazumal bis heute ergänzen die Sammlung.

ENGELSGESANG, ROCK UND BLUES

Langsam wird es dunkel über Wien und unser Spaziergang neigt sich dem Ende zu. Trotzdem, für einen letzten Kultur-Stopp bietet sich die exponierte **Breitenfelder Pfarrkirche** ⑧ an. Sowohl die der Renaissance nachempfundene Außenfassade als auch der helle, geräumige Innenraum der Kirche sind sehenswert.

Am bunten, lauten Gürtel bei der U6-Station Josefstädter Straße angekommen, besuchen wir das **Café Carina** ⑨. Das kreativ geführte Lokal befindet sich direkt im Stationsgebäude und ist bei Musikfreunden Kult. Hier, entspannt bei Bier, Rock- und Bluesklängen, nimmt unser Weg ein Ende - und die Nacht einen Anfang ...

Breitenfelderkirche

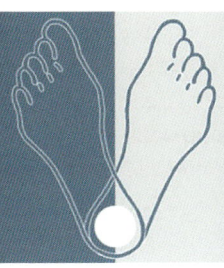

PODOLOGIE

Was ist podologische Fußpflege?

- Podologische Fußpflege ist die
  Qualitätsgarantie der Fußpflege.
- Podologische Fußpflege ist höchster
  Hygiene-Standard auf dem neuesten Stand
  der Technik.

Was macht die podologische Fußpflege?

- Die optimale Behandlung
  gesunder sowie erkrankter Füße.
- Ebenso auch die Spezialausbildung für den
  diabetischen Fuß als registrierte Fußpflege.

Wer bietet podologische Fußpflege?

- Podologische Fußpflgege darf nur von
  Fußpflegerinnen und Fußpflegern angeboten
  werden, die diese Voraussetzungen erfüllen.
- Diese Betriebe sind geschult, zertifiziert und
  kontrolliert.

Firma Linsbauer
Podologische
Fußpflege

Zimmermannplatz 6
1090 Wien

Tel. und Fax
+43 (0)1 408 92 99

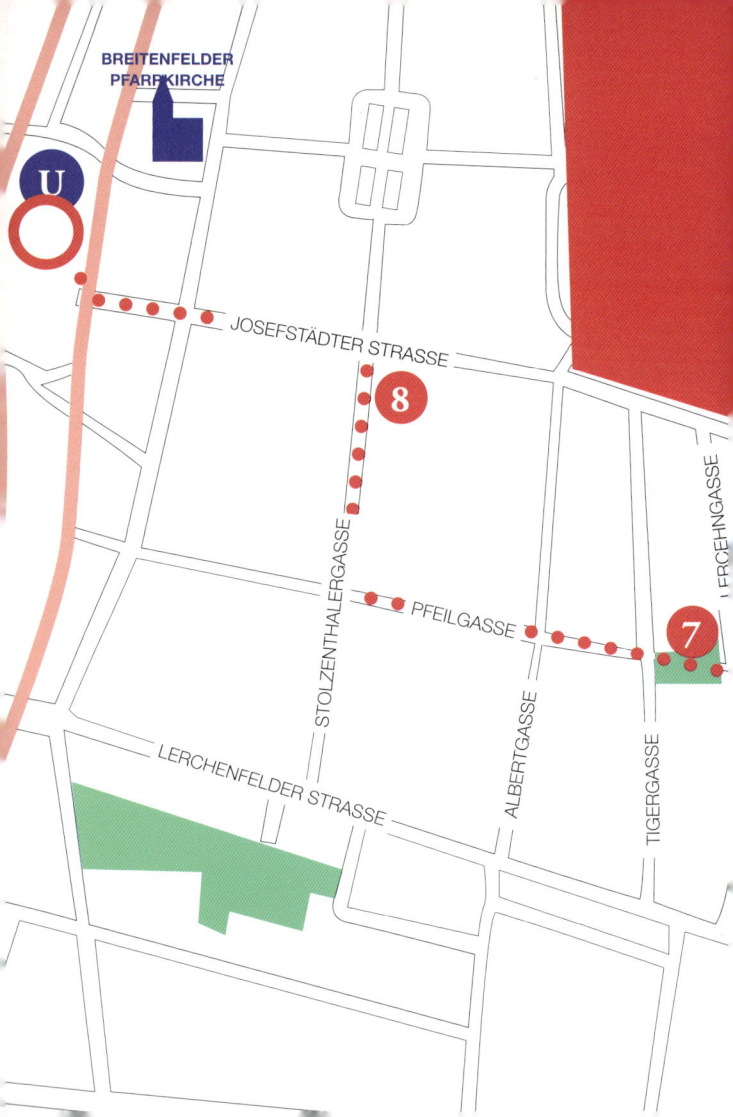

BREITENFELDER
PFARRKIRCHE

U

JOSEFSTÄDTER STRASSE

8

STOLZENTHALERGASSE

PFEILGASSE

7

LERCHENFELDER STRASSE

ALBERTGASSE

TIGERGASSE

ERCEHNGASSE

AUF DER SUCHE
NACH DEM G-PUNKT

1. ÖGV KLETTERZENTRUM Lerchenfelder Straße 28
2. WELTLADEN Lerchenfelder Straße 18-24
3. NEUDEGGERGASSE, SYNAGOGE
4. CAFÉ STROZZI Strozzigasse 24
5. FAN-SHOP Strozzigasse 22
6. LA BOULE Pfeilgasse 8
7. TIGERPARK
8. CAFÉ G-PUNKT Stolzenthalergasse 26

AUF DER SUCHE NACH DEM G-PUNKT

Wer meint, bei so einem Titel könne der Spaziergang wohl höchstens über den nächtlichen Gürtel führen, der täuscht sich gewaltig. In Wahrheit nämlich startet die ominöse Suche auf dem Josefstädter Teil der Lerchenfelder Straße - mit Morgensport im ÖGV Kletterzentrum.

KLETTERN MACHT MUNTER

Um 10:00 Uhr vormittags öffnet das **Kletterzentrum**[1] seine Pforten, austoben kann man sich an einer 17 m hohen Vorstiegswand und in mehreren Boulderräumen. An die Kletterhallen angeschlossen ist außerdem ein Ausrüstungsverleih, wo sich Einsteiger Schuhe, Gurte und Sicherungsgeräte ausborgen können. Allen, die gerne ohne Platzangst klettern, sei gesagt: Früh kommen lohnt sich.

Bücherfans stöbern dann noch ein wenig in den Geschäften links und rechts des Kletterzentrums, ehe sie ihre Beine stadteinwärts schleppen.

FAIR TRADE UND GUTE LAUNE

Kurz nachdem wir die Piaristengasse gequert haben, entdecken wir zu unserer Linken den wohlbekannten **Weltladen der EZA Fairer Handel**[2]. Ob kunstvoll besticktes oder gefärbtes Gewand, handgemachte Töpferwaren, Schmuck, natürliche Kosmetika oder Lebensmittel - alles wird unter fairen Bedingungen hergestellt und gehandelt. Auch auf ökologische Nachhaltigkeit legt man im Weltladen großen Wert und beweist damit Respekt vor Mensch und Natur.

Wir zweigen ab in die idyllisch-abgelegene Neudeggergasse und tauchen ein in ein Stück altes Wien: niedrige Barock- und Biedermeierhäuser reihen sich hier aneinander, ab und zu durchbrochen von moderneren Bauwerken. Hier stand einst die **Synagoge Neudeggergasse**[3], ein Architekturjuwel im gotischen Stil, das 1938 der Zerstörungswut der Nazis zum Opfer fiel. Die Neudeggergasse gehört zum Bezirksteil St.Ulrich, einem Grätzl, das größtenteils dem siebten Wiener Gemeindebezirk zuzuordnen ist.

Am Ende der kurzen Gasse setzen wir den Weg in der Feldgasse fort. Nun heißt es, schnell die Energiereserven wieder auffüllen! Besonders gut lässt sich dies im **Café Strozzi**[4] bewerkstelligen. Das gemütliche alteingesessene Café Strozzi bietet Frühstück bis 15:00 Uhr, anständigen Kaffee und klassische Küche österreichischen Einschlags. Im Sommer lädt ein Gastgarten zum Verweilen und Plaudern ein.

I WER NARRISCH!

Gegenüber dem Café Strozzi befindet sich der **Fan-Shop Strobl**[5]. Es handelt sich hierbei um ein Geschäft für Fußball-

Zubehör, das ein ganzes Ecklokal füllt. Ob Nationaldressen, Bayern-Münchenー , Barcelona- oder Rapid-Trikots, WM-Bälle oder Schiedsrichterpfeiferl, das Fußballherz lacht.

FÜR SPIELERNATUREN

Lust auf spielen? Kein Problem im **La Boule**❻ in der Pfeilgasse 8, gelegen in unmittelbarer Nähe des Café Strozzi. Von 18:00 bis 2:00 Uhr morgens kann man sich in diesem unkomplizierten, studentisch geprägten Lokal bei Billard, Dart, Wuzzeln, Fußball schauen oder Brettspielen amüsieren.

DER LANGE WEG ZUM G-PUNKT

Die Nacht ist da, und die Reise geht weiter - zum **Café G-Punkt**❽ in der Stolzenthalergasse 26. Das skurrile, urige Café-Beisl erreicht man, indem man der Pfeilgasse (ehemals „Neue Gasse im Sack") in Richtung Gürtel folgt und dann rechts in die Stolzenthalergasse einbiegt.
Auf dem Weg durchquert man den **Tigerpark**❼, der vor allem Anrainern als Grünoase dient. Der Park ist zwar klein, bietet aber trotzdem ausreichend Sitzgelegenheiten mit Tischen und Bänken. Dank Tischtennistisch und Spielplatz kann es hier auch spielerisch zugehen. Wissenswert: Direkt unter dem Park befindet sich eine Tiefgarage.
Wer Zeit und Muße hat, sollte übrigens die Gelegenheit nutzen, ein wenig in die Lerchengasse hineinzuschnuppern. Oft als unauffällig verkannt, findet sich in dieser Gasse nämlich

Tigerpark

ein weißes Gebäude, das mit seiner niedrigen Statur auf sich aufmerksam macht. Das Mietshaus „zum weißen Engel" mit der Nummer 18 wurde 1727 errichtet und steht unter Denkmalschutz. Jugendstil-Ornamente der Otto-Wagner-Schule zieren seine Außenfassade.

DAS ENDE DER SUCHE

Nun ist es nicht mehr weit. Noch ein paar Häuserblocks, und das vielsagende Außenschild unseres hehren Ziels lacht uns entgegen. Es warten Bier vom Fass, höhlenartig gemütliches Ambiente, Musik und Pub-Food. Ist der G-Punkt einmal gefunden, kann man hier bis 4:00 Uhr morgens verweilen, nur sonntags schließt das Lokal zwei Stunden früher. Zum Heimfahren mit der Nacht-U-Bahn praktisch: Die U6-Station Josefstädter Straße liegt unweit des Café G-Punkt!

DER WEG DER FITTEN GENIESSER

1. CROSSFIT VIENNA - THE DUNGEON Josefstädter Straße 7
2. CAFÉ HUMMEL Josefstädter Straße 66
3. EISSALON ARMANDO Josefstädter Straße 75-77
4. HAMERLINGPARK
5. CAFÉ FLORIANIHOF Florianigasse 45
6. SCHLESINGERPLATZ
7. TUNNEL Florianigasse 39
8. BOOTS Skodagasse 19
9. KRÄUTERDROGERIE Kochgasse 34

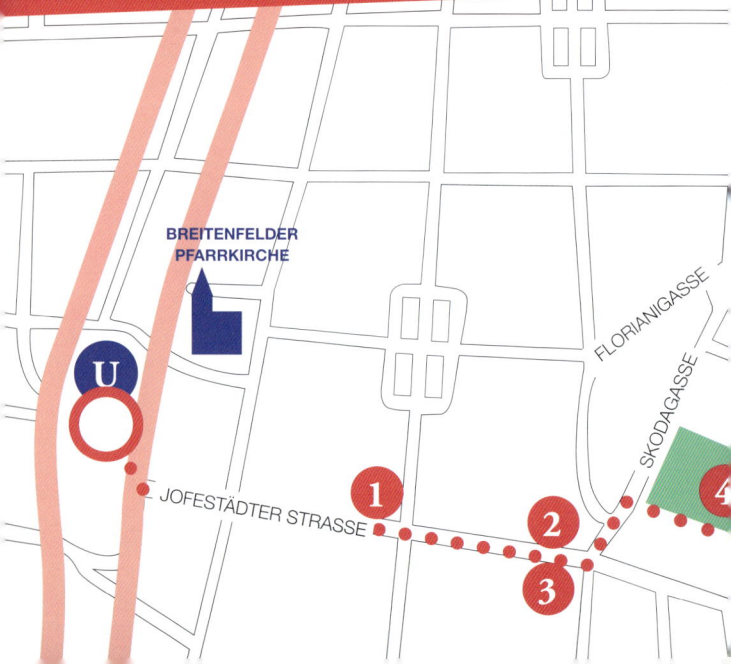

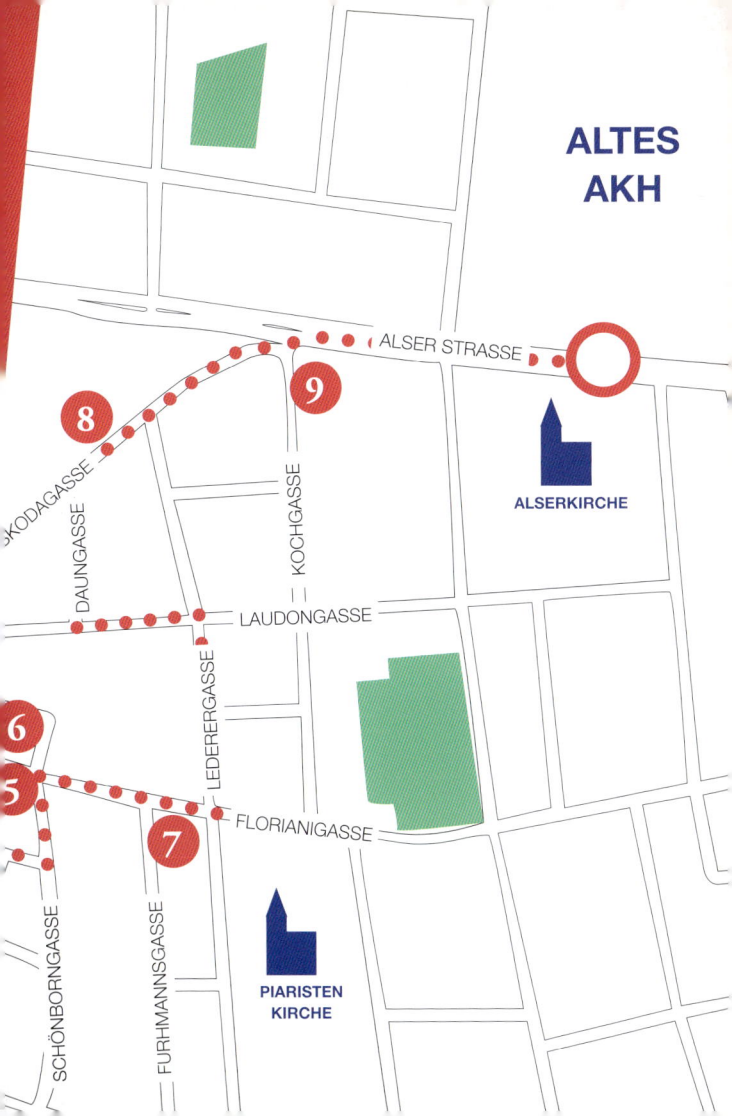

DER WEG DER FITTEN GENIESSER

Gleich vorweg - diese Tour ist nichts für Weicheier. Einige von euch werden fluchen, schnaufen, keuchen. Vor allem zu Beginn - doch auch später, wenn der Muskelkater kommt. Lohnen tut sich all das trotzdem. Warum? Erfahrt ihr hier:

NUR DIE HARTEN KOMMEN IN DEN GARTEN

Unsere Josefstadt-Durchquerung startet ungewöhnlich sportlich. Noch vor dem Frühstück finden wir uns zeitig im „**Dungeon**❶ auf der Josefstädter Straße 76 ein, um uns mit Crossfit so richtig fertig zu machen. Bei dieser Trainingsmethode wird Kraft, Ausdauer und Schnelligkeit gezielt verbessert - durch Gewichtheben, Sprinten, Liegestütze und vieles mehr. Vorher essen: Nicht ratsam. Nachher essen: Unbedingt!

Café Hummel

MIT GESCHMACK WIEDER AUF ZACK

Aus genau diesem Grund gehen wir nach dem Training in das altbekannte **Café Hummel**[2] an der Ecke Josefstädter Straße / Albertgasse. Falls man sich hier nicht für einen Frühstücksteller entscheiden kann, kein Problem: Das Frühstück lässt sich nämlich nach Lust und Laune selbst zusammenstellen. Gourmets bekommen sogar Beef Tartare, Eierspeise mit getrockneten Tomaten oder Avocado mit Lachs und Pesto.

Für eine kleine Nachspeise begibt man sich zum gegenüber gelegenen **Eissalon Armando**[3]. Mit Tüte oder Becher lässt es sich anschließend gleich ins Grüne weiterziehen.

DER HAMERLINGPARK

Ein idealer Ort zum Entspannen ist der **Hamerlingpark**[4] - besonders die sonnigen Bankerl und die (für einen innerstädtischen Park) großzügige Liegewiese laden den Besucher ein, gemütlich ein Eis zu schlecken oder einfach nur ein Buch aus der Tasche zu holen und sich dem Lesegenuss hinzugeben. Nach Crossfit und Frühstück ist aber auch ein kurzes Nickerchen erlaubt.

Über Kupkagasse und Schönborngasse erreicht man schließlich die Florianigasse. Hier, an der Ecke, befindet sich das **Traditionscafé Florianihof**[5] - ideal für alle, die nach dem Schlaferl im Park noch einen Kaffee brauchen.

DAS PLATZL UND DAS AMT

Der **Schlesingerplatz**❻, gleich gegenüber dem Café, wird vom majestätischen Amtshaus für den 8. Bezirk geprägt. Das Gebäude von 1912 besteht aus einem Haupttrakt und zwei stattlichen Seitenflügeln und ist stilistisch durch barocke und secessionistische Elemente gekennzeichnet.

In der Mitte des Platzes ragt der Wachsamkeitsbrunnen empor. An der Spitze thront die Göttin der Wachsamkeit - zentraler Hinweis darauf ist das Öllämpchen in ihrer rechten Hand - zu ihren Füßen sitzt der Kranich als Symbol der Fürsorge, darunter befindet sich der Löwe als Wächter der Quellen. Der Brunnen wurde anlässlich der Fertigstellung der Wasserleitung für die Alservorstadt angefertigt.

In Richtung Innenstadt, beziehungsweise, tunnelwärts, geht es nun in die Florianigasse 39 ins **Tunnel**❼. Das quasi-institutionelle Lokal, das Café, Restaurant, Bar und Club so fabulos vereint wie kaum ein anderes.

THESE BOOTS ARE MADE FOR WALKIN'

Bald treffen wir auf die Lederergasse und biegen links in sie ein. Nach einer weiteren Links- und einer Rechtswendung gelangen wir in die Daungasse, der wir bis zum Ende folgen. Hier in der Skodagasse sticht uns schon bald ein ganz besonderes Schuhgeschäft ins Auge: **Das Boots**❽.

Blick auf die Lederergasse

Bei dieser alteingesessenen Adresse finden Stiefel-Fans handgearbeitete, hochwertige Lederstiefel, von eleganten Büro-Stiefletten über rockige Biker-Boots bis hin zu ausgeflippten Westernstiefeln.

MUSKELKATERSTIMMUNG

Der Muskelkater macht sich bemerkbar. Was tun? Wir wählen den Weg direkt zur **Kräuterdrogerie** in der nahegelegenen Kochgasse und besorgen uns ein wohltuendes Ayurveda-Massageöl - damit wir morgen wieder aufstehen können! Und ganz nebenbei wandert auch noch ein bisschen Bio-Schokolade und duftender Tee mit ins Einkaufskörbchen …

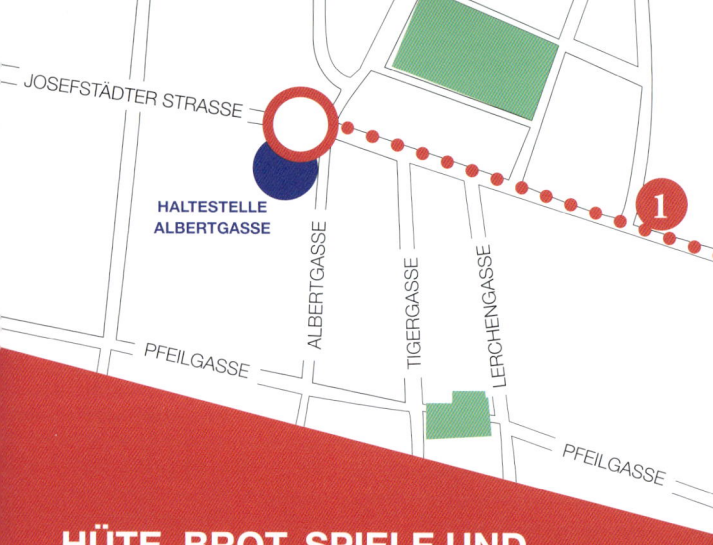

HÜTE, BROT, SPIELE UND EIN SCHÜTZENFEST

1. PIZZERIA RUFFINO Josefstädter Straße 48
2. PIARISTENKELLER Piaristengasse 45
3. CAFÉ DER PROVINZ Maria-Treu-Gasse 3
4. BEZIRKSMUSEUM JOSEFSTADT Schmidgasse 18
5. PALAIS FÜRTH Schmidgasse 14
6. CENTIMETER Lenaugasse 11
7. CURRY INSEL Lenaugasse 4
8. CITY WELLNESS Lenaugasse 5
9. GASTWIRTSCHAFT BLAUENSTEINER Lenaugasse 1
10. WIENER SCHIESSKINO Josefsgasse 10
11. VIENNA'S ENGLISH THEATRE Josefsgasse 12
12. PALAIS AUERSPERG Auerspergstraße 1
13. 25HOURS HOTEL Lerchenfelder Straße 1-3

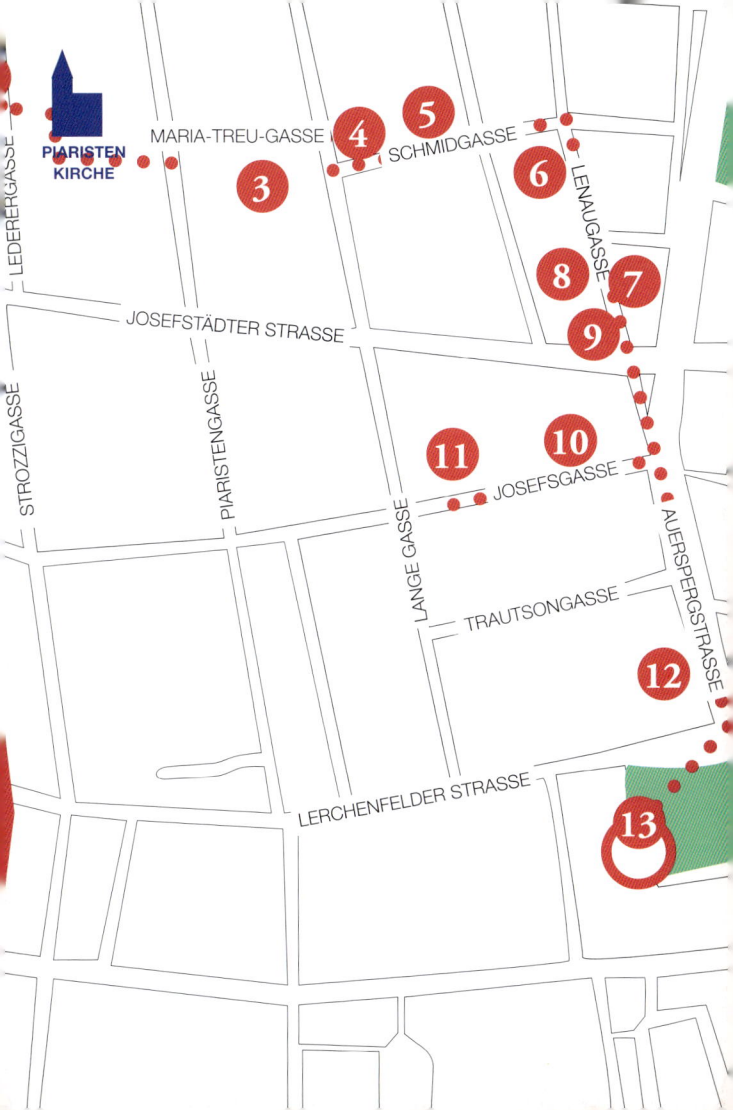

HÜTE, BROT, SPIELE UND EIN SCHÜTZENFEST

Heute darf es einmal etwas ganz Besonderes sein: Kommt mit auf eine Entdeckungsreise, bei der weder Hüte, noch gutes Essen, noch nette Josefstadt-Blicke fehlen. Sogar ein bisschen Ballerei ist dabei.

VON DER PIZZA ZUR PIAZZA MARIA TREU

Unser Spaziergang beginnt im **Ristorante Ruffino**❶ auf der Josefstädter Straße, unweit der 2-er Station Albertgasse. Kaum irgendwo im ganzen Achten gibt es derart große Pizzen. Wir flanieren zunächst ein Stückchen stadteinwärts, bevor wir nach links in die Fuhrmannsgasse einbiegen. Vorbei an gutbürgerlichen Wohnhäusern gehen wir weiter bis zur Löwenburggasse. Das überaus nette, aber kurze Gässchen führt uns direkt zur Lederergasse.

HÜTE, WEINE UND KAFFEEFREUDEN

Kaum wieder im Tageslicht angelangt, geht es schon wieder unter die Erde: Der **Piaristenkeller**❷ lockt. Zwar nicht zum Speisen - immerhin haben wir eben hervorragend italienisch getafelt - sondern, um Hüte und Weine zu besichtigen. Denn hier, tief im Bauch der Josefstadt verborgen, befinden sich zwei Kleinodien von Museen. Zum einen wäre da das Kaiser Franz Joseph Hutmuseum, in dem sämtliche historische Reit- und Zierhüte für Damen und Herren ausgestellt sind.

Josefstädter Straße

Zum anderen gibt es hier auch die k.u.k. Weinschatzkammer, wo die edelsten und rarsten Weine der Donauländer lagern. Nostalgiker werden es lieben.

Wir genießen ein paar Momente auf dem Piaristenplatz mit seiner eindrucksvollen Mariensäule, bevor wir feststellen, dass wir Lust auf Kaffee haben. Wir favorisieren das sympathische **Café der Provinz**❸, gelegen in der nur einen Katzensprung entfernten Maria-Treu-Gasse. Den Gast erwarten hier nicht nur wundervolle bretonische Galettes, sondern auch süße Crêpes, Waffeln und natürlich Kaffee.

GEBALLTES WISSEN

Vom Café der Provinz ist es auch nicht weit bis zur nächsten Station auf unserem Stadtspaziergang, dem **Bezirksmuseum Josefstadt**❹. Geöffnet hat dieses kleine, feine Museum zwar nur zweimal wöchentlich - wir empfehlen mittwochs von 18:00 bis 20:00 Uhr - dafür erfährt man hier anschaulich alles, was man immer schon über die Geschichte des noblen Bezirks wissen wollte. Angefangen von Straßenplänen und Dokumenten bis hin zu zahlreichen Exponaten aus der Welt von Kunst und Kultur kann man sich hier umfassend weiterbilden.

NOBEL, NOBEL

Gemütlich folgen wir der Schmidgasse stadteinwärts,

vorbei an freundlichen Barockfassaden und liebenswerten Geschäften. Auf Nummer 14 sticht uns ein imposantes Bauwerk ins Auge - das **Palais Fürth**[5]. Früher diente das trutzig-prunkvolle Palais als privates Sanatorium, später als Außenstelle der US-amerikanischen Botschaft. Heute sind in dem umfangreich ausgebauten Palais luxuriöse Wohnungen untergebracht.

DIE GASSE DER GENÜSSE

Vom Palais Fürth kommend, ist die nächste Quergasse, die uns begegnet, die Lenaugasse. Ein Blick genügt und wir leiten unsere Schritte automatisch nach rechts, denn diese Gasse begegnet uns freundlich mit Grün-Arrangements sowie einladend mit zahlreichen Einkehr-Gelegenheiten. Gleich um die Ecke liegt das altbekannte **Centimeter**[6], das all jene zufriedenstellen sollte, die beim Essen Wert auf deftige, große Portionen legen und „meterweise" Bier zu schätzen wissen. Weiter unten, auf Nummer 4, folgt das hervorragende srilankische Restaurant **Curry Insel**[7].

Wer weniger den kulinarischen Genuss, sondern Entspannung und Ruhe sucht, sollte unbedingt bei **City Wellness**[8] auf Nummer 5 vorbeischauen. Das freundliche, moderne Studio bietet wohltuende Massagen, die den Stress von den Schultern nehmen, klärende Peelings und vieles mehr, das schöner und glücklicher macht - eine kleine Oase im hektischen Alltag, wo einmal so richtig auf die Bedürfnisse des eigenen Körpers eingegangen wird!

WIr folgen der Lenaugasse bis ans Ende, das zugleich die Schnittstelle mit der Josefstädter Straße ist. Hier liegt die traditionelle **Gastwirtschaft Blauensteiner „Zur Stadt Paris"** [9], ein klassisches, holzvertäfeltes Wiener Lokal mit fleischlastiger Speiseauswahl, inklusive Kalbsherzen und Blunzenpudding. Für weniger Wagemutige gibt es aber selbstverständlich auch Gulasch, Schnitzel und Co.

JAGEN ODER APPLAUDIEREN, DAS IST HIER DIE FRAGE

Der Abend ist gekommen, und wir gehen auf die Jagd. Und diesmal ausnahmsweise nicht nach gutaussehenden Flirtpartnern an der Bar. Wild ist angesagt - Rehe, Hirsche, Bären und Hasen. Wo man die erwischt? Im einzigen **Wiener „Schießkino"** [10] in der Josefsgasse 10. Hier kann man mit dem Jagdgewehr auf virtuelle Scheiben, Tiere und Tonkrüge schießen, eine elektronische Anlage zählt die Treffer. Das Schießkino gehört zu einem Waffengeschäft, wo auch Kurse für angehende Jäger angeboten werden.

Für weniger schießwütige Gemüter besteht alternativ die Möglichkeit, das gleich nebenan befindliche **English Theatre** [11] aufzusuchen und sich an Wortwitz, schwarzem Humor und feinster Bühnenaction zu erfreuen. Das traditionsreiche Haus erfreut schon seit Mitte des 20. Jahrhunderts Freunde der englischen Sprache mit seinen Aufführungen. Kennt man das Theater nicht, so sollte man es kennen lernen - vorausgesetzt, man ist des Englischen mächtig.

EIN „HÄUSCHEN MIT GARTEN"

Wir kehren der Josefsgasse den Rücken und wandern die Auerspergstraße abwärts.

Das **Palais Auersperg**[12], erbaut im frühen 18. Jahrhundert, war schon im Barock eine richtige Party-Location. Ob Konzerte, Gartenparties (Anmerkung: Der Garten des Anwesens ist in etwa so groß wie der gesamte Schönbornpark!) oder wilde Bälle, hier ging ganz schön die Post ab. Auch heute noch wird das Palais als Veranstaltungsort geschätzt.

ENDSTATION DACHGESCHOSS

Im Dachgeschoß des stylishen **25-Hours**[13] bei einem Gläschen unter den Sternen, endet unser kulinarisch und kulturell wahrlich reichhaltiger Trip durch die Josefstadt. Und wer weiß - vielleicht reift in uns schon der Plan zum nächsten Josefstadt-Spaziergang…

VON HÄFENTÜR ZU HÄFENTÜR

Heute begeben wir uns auf einen Spaziergang im nordöstlichsten Zipfel des Achten. Der Ausgangspunkt: Die Justizvollzugsanstalt Josefstadt[1]. Vor ihren schweren Häfen-Pforten nimmt der Weg seinen Anfang, und hier wird er auch wieder enden.

EIN FLECKERL ALT-WIEN

Wir wandeln die geschäftig-laute Landesgerichtsstraße abwärts, bis wir zu unserer Rechten die unscheinbare Tulpengasse erblicken. Hier biegen wir ein und staunen bald schon sehr - die Schnittstelle Tulpengasse / Wickenburggasse gehört nämlich zu den wahrhaft idyllischen Biedermeier-Plätzchen des Bezirks. Ein kleiner eiserner Brunnen, liebevolle Grünflächen, das Gebäude der Schlosserinnung und ein „Stock im Eisen" sind hier auf dem **Schlosserplatz**[2] zu finden.

Zur Erklärung: Der „Stock im Eisen" ist ein in Metall gefesselter toter Baumstamm. Traditionstreue Schlosser, die ihre Meisterprüfung geschafft haben, schlagen hier einen Nagel hinein. Kaum verwunderlich, dass der Stamm heute aussieht wie ein hölzerner Igel. Der wesentlich ältere „Original - Stock im Eisen" steht in der Wiener Innenstadt.

Schlosserplatzl

DIE MALERISCHE LENAUGASSE

Nach Süden zweigt die Lenaugasse vom Schlosserplatzl ab. Neugierige statten dem **Oskar-Werner-Hof**❸ auf Nummer 19 einen Besuch ab. Die schlichte Fassade des stattlichen Biedermeierhauses prahlt nicht damit, dass es einst sowohl den Schriftsteller Franz Grillparzer als auch den Lyriker Anton Wildgans beherbergte. Letzterer setzte dem Hof gar ein literarisches Denkmal, indem er ihn im „Nachtstück in der Lenaugasse" (1898) erwähnte. Sehenswert am Oskar-Werner-Hof ist aber nicht nur die Architektur: Im Garten des großen Gebäudes befindet sich eine alte Esche, die unter Naturschutz steht.

WILDSCHWEINBÜCHER, ANTIQUITÄTEN UND BAUCHTANZ

Vom Schlosserplatzl aus folgen wir der Wickenburggasse Richtung Norden, bis wir auf die Kreuzung mit der Florianigasse stoßen. Hier - genauer gesagt in der Wickenburggasse 3 - befindet sich die Niederlassung des **Österreichischen Jagd- und Fischereiverlages**❹. Im Shop erhältlich sind Bücher, DVDs und Bilder zu den Themen Jagd, Wildleben, Natur und Kulinarik. Vom Bildband über das Leben der Wildschweine über das Kochbuch mit den besten Wildrezepten bis zur Abhandlung über Jagdethik finden Jäger und naturbegeisterte Hobby-Waldläufer so gut wie alles.

Wir biegen in die Florianigasse ein. Auf Nummer 13 entdecken wir die wundervoll nostalgische **Stöberstube Christian Amend**[5], einen Antiquitätenladen der Extraklasse. Vor allem Papierwerk wie Postkarten und kleine Dekorgegenstände gibt es hier in rauen Mengen.

Nur einen Katzensprung weiter, auf Nummer 16, finden wir einen Ort, an dem Leib und Seele in Einklang gebracht werden: Das kleine, liebenswerte **Atelier für orientalischen Bauchtanz**[6] ist im Souterrain untergebracht und wird von Tanzlehrerin und Choreographin Nefer betrieben. Sie bietet Kurse für alle Zielgruppen an. Wer also schon immer einmal in Haremshose und orientalischem Top seinen Bauch kreisen lassen wollte, ist bei Nefer richtig!

FRÜHSTÜCKEN WIE IM HIMMEL

Es wird Zeit für eine Mahlzeit, immerhin dauert unser Ausgang schon eine gute Weile. Wie praktisch, dass wir uns ganz nah an einem der besten Frühstückslokale der Josefstadt (und vielleicht ganz Wiens) befinden - dem **Café Restaurant Merkur**[7]. Hungrig schleppen wir uns die letzten Meter zu dem einladenden Ecklokal und nehmen entweder im straßenseitigen Schanigarten oder im lässig-unpretentiösen Innenraum Platz.

Das Lokal ist zu jeder Tageszeit eine gute Wahl. Egal ob das günstig-gute Frühstück, die internationalen Mittagsgerichte, die Snacks oder der Kaffee, hier kommt man immer auf seine Kosten. Frühstück gibt es wochentags von 9:00 bis 12:00 Uhr, am Wochenende sogar bis 17:00 Uhr - perfekt also auch für Spätaufsteher. Satt und zufrieden geht es weiter.

ZUM GRUNZEN KREATIV

Ein **Museum der ganz besonderen Art**[8] betreiben die beiden Künstler Ilse Kilic und Fritz Widhalm in der Florianigasse 54. Denn hier, im „Fröhlichen Wohnzimmer", ist saumäßig viel los. Glücksschweine aller Art - groß, klein, rund, schmal, plüschig und kahl - tummeln sich hier in kreativ-unkonventionellem Ambiente. Verkäuflich sind die schweinischen Figuren nicht, wohl aber die schrägen Bilder und Bücher. Unbedingt hinschauen!

Gemütlich und mit behaglich gefülltem Magen schlendern wir die Florianigasse stadtauswärts, vorbei am Schönbornpark, bis wir nach rechts in die Kochgasse einbiegen und gleich darauf in die Mölkergasse. In dieser kurzen Gasse befindet sich ein Prachtstück der Jugendstilarchitektur: Weiß und trutzig ragt das Gebäude in den Himmel, grün-rote florale Ornamente zieren die Fassade im oberen Bereich. Die eigentliche Besonderheit ist aber der merkwürdige, spitz zulaufende Dornfortsatz am Dach des Hauses.

Wir erreichen die Lederergasse und biegen rechts ein. Eine

langgezoge Häuserfront blickt uns entgegen - der Melker Hof. Aus vier Höfen und sieben Trakten besteht der riesige Bau aus dem 19. Jahrhundert, dem man von außen nicht ansieht, dass es sich lediglich um ein Gebäude handelt. Der Grund: Eine gegliederte Fassade vermittelt den Eindruck mehrerer Häuser! Weiter geht unsere Runde über die Laudongasse stadteinwärts. Das Bimmeln der Straßenbahnen sowie das Knattern und Brummen diverser motorisierter Vehikel lassen uns erkennen, dass wir uns wieder zentraleren Gefilden nähern.

DER WILL DOCH NUR SPIELEN ...

Es ist eines jener Lokale in der Josefstadt, die auch dem durchschnittlichen Nicht-Josefstädter ein Begriff sind - das **Brot und Spiele**[9]. Für alle, die es nicht kennen: Hier treffen sich Spielkultur, Bierkultur und Geselligkeit. Je nach Wochentag oder Anlass werden Bingo-Abende, Trivial-Pursuit-Challenges oder freies Wuzzeln angeboten. Zusätzlich gibt es über 100 Brettspiele, bei denen sich Spiele-Freaks austoben können. Fad wird es da bestimmt nicht!

KLEINE UND GROSSE KUGELN

Wir wandern weiter, bis wir die Kreuzung Laudongasse / Lange Gasse erreichen. Und da, jenseits der Straßenbahnschienen, stehen sie - drei riesenhafte, schräg aufeinander getürmte silbrig-metallene Kugeln, die zusammen die Skulptur **N.I.C.**[10] (steht für „Nature is cool") bilden. Etwa drei Meter hoch ist das schlichte wie originelle Kunstwerk.

Gleich neben den großen Metallkugeln befindet sich ein Shop, in dem sich viele kleine weiße Kugeln käuflich erwerben lassen - das **Golf House**⓫, ein Fachgeschäft für Golfsport und Zubehör. Ob Golfschläger, Bälle, schickes Schuhwerk, Trainingslektüre oder Gewand, mit dem Ladies und Gentlemen nicht nur auf dem Green eine gute Figur machen - Freunde des noblen Rasensports werden hier gewiss etwas finden.

PIZZA, PITA UND BÖHMISCHE GENÜSSE

Der Appetit ruft uns - ins **nachBar**⓬ in der Laudongasse 8. Gemütlich und heimelig, mit runden Gewölben und viel Rot präsentiert sich das Lokal. Im Sommer steht den Gästen auch ein Schanigarten zur Verfügung. Zu Essen gibt es köstlich Gebackenes aus dem hauseigenen Holzofen. Praktisch: Sämtliche Pizzen und Pitas können per Bestellformular zum Ankreuzen selbst zusammengestellt werden!

Alle, die eher Lust auf etwas so richtig Bodenständiges haben, müssen noch ein kleines Stück weiter gehen und der Laudongasse bis ans bittere Ende folgen. Die **Böhmische Kuchl**⓭ steht für hochwertige, authentische Hausmannskost mit Hang zum Deftigen - perfekt also für einen ausgedehnten Schlemmer-Aufenthalt. Ein Auszug aus den Hauptspeisen: Selchfleisch im Pufferteig mit Sauerkraut, Rindsgulasch mit

Knödeln, oder Svičkova, das böhmische Hochzeitsgericht. Dazu: Budweiser, Pilsner Urquell, Kozel. G'schmackig und fein!

ZURÜCK ZUM URSPRUNG

Vollgegessen und in bester Laune verlassen wir die Böhmische Kuchl und rollen hinunter zur Alser Straße. Einmal rechts abgebogen, und schon stehen wir wieder vor den Toren eines netten Lokals - dem **Edison** 14. Ob in seiner Funktion als Café, Restaurant oder Bar, Leckereien für jede Tageszeit stehen in der Karte. Die Einrichtung ist modern, die Gerichte einfallsreich und zeitgemäß interpretiert, das Publikum bunt - vorbeischauen lohnt sich!

Langsam aber sicher neigt sich unsere Runde dem Ende zu und wir nähern uns unaufhaltsam unserem Ursprungsort, der Häfentür. Wir werfen einen Blick auf die andere Straßenseite. Dort, hofiert vom Ostarrichipark, liegt sie, die Österreichische Nationalbank. Das trutzige, umfangreiche Gebäude wurde 1925 errichtet und beherbergt bis heute den Hauptsitz des Geldes. Der Ausblick auf die monetäre Trutzburg begleitet uns, ebenso wie der sehnsüchtige Gedanke an goldglänzende Barren hinter verschlossenen Türen.

Irgendwann ist es geschehen und wir stehen vor dem Häfen. Aber allzu schwer ist uns das Herz nicht - der nächste Josefstadt-Ausgang kommt bestimmt!

QUER DURCH DEN ACHTEN

1. **UNIBRÄU** Alser Straße 4 / Hof 1
2. **POC - PEOPLE ON CAFFEINE** Schlösselgasse 21
3. **ALSERKIRCHE** Alser Straße 17
4. **CONFISERIE ENGELECKE** Alser Straße 21
5. **TISCHTENNIS-CENTER** Lange Gasse 69
6. **POLE DANCE STUDIO ELFENBEIN** Lange Gasse 65
7. **ÖSTERREICHISCHES MUSEUM FÜR VOLKSKUNDE** Laudong. 1
8. **SCHÖNBORNPARK**
9. **PALAIS DAMIAN** Lange Gasse 53
10. **PUERTA DEL SOL** Lange Gasse 52
11. **MILES SMILES** Lange Gasse 51
12. **HAARMONIE NATURFRISÖR** Lange Gasse 46
13. FROMME HELENE Josefstädter Straße 15
14. HUGO-BETTAUER-PLATZ
15. ESCA Lange Gasse 19
16. TAQUERÍA LOS MEXIKAS Lange Gasse 12
17. DURCHHAUS LERCHENFELDER STRASSE 13

JOSEFSTÄDTER STRASSE

QUER DURCH DEN ACHTEN

Dieser Weg ist weder kurz noch leicht, aber er lohnt sich. Viele interessante Geschäfte, noch mehr Lokale, sowie zahlreiche Parks und Kulturdenkmäler säumen den Weg. Ein schier unerschöpflicher Reichtum an Freizeitmöglichkeiten tut sich auf - und all das entlang einer (fast) geraden Linie quer durch den Achten.

EIN MORGEN IM GRÜNEN

Es ist ein wunderschöner Tag und wir begrüßen ihn im Grünen. Mitten am Uni-Campus, im Hof 1, befindet sich das **Unibräu** ❶ - eine Institution für Studierende, Gourmets und Gastgartengenießer.

Unibräu

Dass es sich hier auch vorzüglich frühstücken lässt, wissen die meisten nicht - zu eng sind wohl Spare Ribs und Bier mit dieser Lokalität verknüpft. Da gibt es etwa Eierspeise, Birchermüsli, Apfelstrudel, gratinierte Schinkenbrote und Camembert-Preiselbeer-Brote. Puristen können sich aber auch gleich ein kleines Gulasch oder die Weißwurst mit Händlmaier-Senf in den Magen schlagen.

AUF IN DEN ACHTEN

In den Höfen des Alten AKH sind nicht nur die zum Sonnenbaden und Lesen einladenden Wiesen sehenswert, sondern auch der gruslige Narrenturm oder die kleinen Höfe mit ihren verwinkelten Durchgängen.

Narrenturm

Zu guter Letzt finden wir uns aber im Hof 1 wieder und verlassen diesen durch den südlichen Ausgang. Nur einmal schnell die Straße überquert, und unsere Füße befinden sich erstmals auf Josefstädter Boden.

EINMAL KOFFEIN VOLLTANKEN, BITTE!

Augenblicklich sticht uns ein monumentaler Sakralbau ins Auge: Die **Alserkirche**[3]. Und an dieser ist mehr dran, als man zunächst annimmt. Warum? Weil sich ein kleiner, wirklich lässiger und liebenswerter Coffeeshop namens **POC - People on Caffeine**[2] im Seitentrakt Schlösselgasse angesiedelt hat. Frisch gebackene Kuchen, warmherziger Empfang, heißer Kaffee und eine fürsorgliche Warnung an den Gast, nicht in die laufende Maschine zu greifen – mehr braucht man nicht, um zufrieden zu sein. Auch Coffee to go gibt es in dem kleinen Lokal, das längst nicht mehr nur ein Geheimtipp ist.

Nach dem Besuch im POC besichtigen wir die Alserkirche, auch bekannt als Dreifaltigkeitskirche der Minoriten. Das Innere der Kirche besticht durch die helle, frühbarocke Architektur und den dunkel gehaltenen Altar mit dem Gemälde der „Allerheiligsten Dreifaltigkeit". Wissenswert: Die beiden namhaften Komponisten Ludwig van Beethoven und Franz Schubert sind eng mit der Kirche verknüpft - ersterer, weil er nach seinem Tod 1827 hier eingesegnet wurde, und zweiterer, weil er 1828 knapp vor seinem Tod die Musik zur Glockenweihe schrieb.

Alserkirche

SCHLECKEREIEN OHNE ENDE

Der Alser Straße entlang geht es stadtauswärts. Zahlreiche
Lokale liegen auf dem Weg, aber so richtig angetan hat es
uns letztlich die **Engelecke**[4] an der Schnittstelle Lange
Gasse / Alser Straße. Diese renommierte Süßwarenhandlung
der alten Schule weckt Kindheitserinnerungen und nostalgische Gefühle: Seidenzuckerln, Schokonüsse, kandierte
Blüten, Pralinen aller Art und gestapelte Süßigkeiten, so weit
das Auge reicht - ein Paradies für sinnliche Naschkatzen und
eine tödliche Falle für unbeherrschte Genießer.

SCHLAG AUF SCHLAG

Auf unserem Weg stellen wir fest: Ping-Pong haben wir lange nicht mehr gespielt! Minuten später finden wir uns im **Tischtennis Center** [5] in der Lange Gasse 69 wieder, borgen uns Schläger und Ball aus und hauen uns diesen so richtig um die Ohren.

Es geht sportlich weiter - mit Pole Dance im **Studio Elfenbein** [6], gelegen in der Lange Gasse 65 und Nachbarschaft zum Tischtennis Center. In diesem kompetent und freundlich geführten Tanzstudio können bewegungsfreudige Frauen sich an Stangen und Aerial Hoops (in der Luft schwebende Reifen) austoben. Kaum ein akrobatischer Move, der nicht möglich ist - vorausgesetzt, man hat einmal das richtige Training und genügend Kraft dafür. Pole Dance vereint Körperbewusstsein, Kraft und Erotik und ist nicht umsonst zu einem regelrechten Trend angewachsen. Für Interessierte bietet das Studio Elfenbein Schnupperstunden an!

DAS LEBEN, WIE ES FRÜHER WAR

Weil wir auf unserer Runde nicht ganz auf Kultur- und Wissensvermittlung verzichten wollen, gönnen wir uns einen ausgiebigen Abstecher ins **Museum für Volkskunde** [7]. Gelegen an der Kreuzung Lange Gasse / Laudongasse, ist es das größte österreichische Museum seiner Art und füllt beinahe das gesamte Palais Schönborn. Bald tauchen wir

Österreichisches Museum für Volkskunde

ganz in die Alltagsgeschichte der Donaumonarchie ein: Möbel, Werkzeuge, Gewand, Spielsachen und Musikinstrumente sowie zahlreiche bildliche Darstellungen aus vergangenen Zeiten vermitteln eine authentische Vorstellung davon, wie das Leben früher wohl war. Zumindest wir wussten vor dem Museumsbesuch nicht, wie Geräte zur Butter- und Käseherstellung im 19. Jahrhundert aussahen, und auch nicht, was die schlesische Bäuerin anzog, wenn sie aufs Feld ging. Informativ, vielseitig, überraschend und lehrreich!

IM PARK

Nur ein paar Meter um das Museum herum gegangen, gelangen wir zum **Schönbornpark**[8] Die hohen Bäume und dichten Hecken ringsum packen einen behutsam vor den Straßen ein, lassen aber liebenswürdigerweise den Blick auf das angrenzende Palais frei, in dem sich das Volkskundemuseum befindet. Der Steinbrunnen sorgt für ruhiges, gemütliches Ambiente und steht unter Denkmalschutz – wie übrigens auch der etwas heruntergekommene WC-Pavillon am südlichen Ende des Parks.

Da der Schönbornpark über mehrere Spielplätze und Ballspielkäfige verfügt, sollte man sich nicht allzu sehr wundern,

Schönbornpark

falls ab und zu Kindergeschrei die Luft durchdringt. Noch allgegenwärtiger als die Kinder sind jedoch die Tauben, die Bankerl-Sitzer regelrecht belagern.

EIN SOMMERSITZ ZUM GERNHABEN

Nach unserem entspannenden Aufenthalt im Grünen wenden wir uns wieder dem Erforschen der Lange Gasse zu. Auf Nummer 53 stoßen wir auf das **Palais Damian** 9. Das Palais Damian, dessen Namen uns übrigens eindringlich an einen kleinen Teufelsbraten aus dem Film „Das Omen" erinnert, wurde um 1700 im Barockstil erbaut und diente seinem ersten Hausherren als Sommersitz. Nach mehrmaligen Umbauten und Besitzerwechseln ist hier heute der Österreichische Behindertenverband untergebracht.

TAPAS, POR FAVOR!

Wer staunend vor dem Palais Damian innegehalten hat, braucht sich nur um 180° zu drehen. Denn auf der anderen Straßenseite liegt ein kleines Stück Spanien: Die Tapas Bar **Puerta del Sol** 10. Ohne viel Firlefanz ist die Einrichtung gestaltet: Der Anstrich ist freundlich gelb, die hölzernen Sitzmöbel dunkel und gemütlich. In einem Raum ziert eine überlebensgroße, feurige Flamenco-Tänzerin die Wand - stylish! Zu verkosten gibt es hier zahlreiche gute Weine sowie eine reiche Auswahl an authentischen Tapas. Die Mini-Gerichte reichen von der klassischen Erdäpfel-Tortilla über Serranoschinken, Chorizo (spanische Paprikawurst) und lecker gefüllte Empanadas bis hin zu Lammragout und gebratenen Riesengarnelen. Wie im Urlaub!

KERZEN, JAZZ UND GUTE LAUNE

Nur ein kleines Stück die Lange Gasse abwärts gewandert, und wir finden auf Nummer 51 ein zweites äußerst erwähnenswertes Lokal: Das kleine, feine Jazz Café **Miles Smiles**[11]. Hier kommen Musikliebhaber und Freunde des urigen Beisl-Flairs voll auf ihre Kosten: Zum einen, weil man dank des beschränkten Raumes an der Musik immer hautnah dran ist, zum anderen, weil die Stimmung durch die Kombination aus Kerzenlicht und Rauch extrem behaglich und romantisch wird. Somit eignet sich das Miles Smiles nicht nur ausgezeichnet zum Jazz lauschen, sondern auch zum Verabreden.

HERRLICHE HAARMONIE

Neue Frisur gefällig? Neue Haarfarbe? Oder einfach nur professionelle, natürliche Pflege für die strohartigen Büscheln, die sich widerspenstig in alle Richtungen strecken? Abhilfe gibt es im **Naturfriseursalon Haarmonie**[12] in der Lange Gasse 46. Der moderne und schicke Salon bietet alles, was das Haar schöner und gesünder macht. Egal ob eine Haarwäsche mit reinigender Mineralerde, eine Kräuterölkur mit Kopfhautmassage oder eine pflanzliche Färbung mit Indigo, hier tut man seinem natürlichen Kopfschmuck auf jeden Fall etwas Gutes.

EIN GÄSSCHEN MIT AUSSICHT

Wir ziehen die Lange Gasse weiter abwärts. Irgendwann tut sich zu unserer Rechten ein Gässchen auf und gibt den Blick frei auf einen der schönsten Barockplätze Wiens - den Piaris-

Piaristenplatz

QUER DURCH DEN ACHTEN

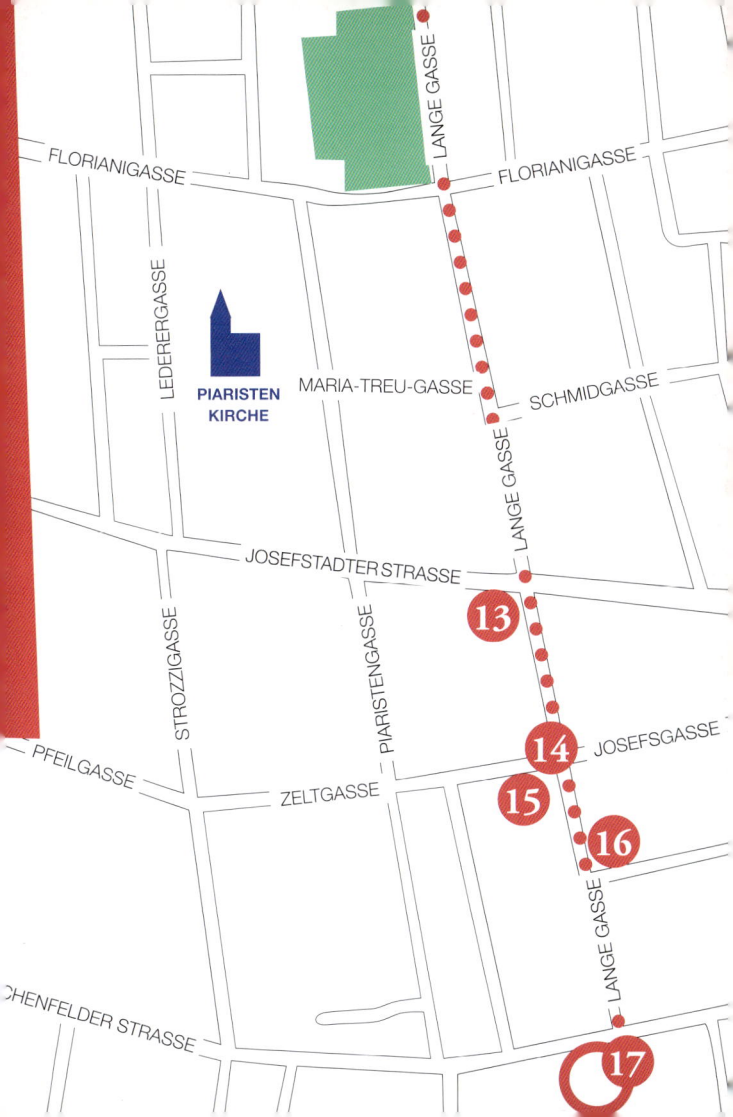

Bezirksmuseum

tenplatz. Idyllisch gesäumt von gelben Klostertrakten (heute Volksschule, Gymnasium und Kindergarten), hofiert von einer prunkvollen Mariensäule und zwei Gastgärten, liegt sie, die Pfarrkirche Maria Treu. Wir genießen die Ansicht und setzen unseren Weg fort, vorbei am Josefstädter Bezirksmuseum und der Alten Backstube, bis wir die Josefstädterstraße erreichen.

DIE FROMME HELENE

Eigentlich handelt es sich bei der Frommen Helene um ein tragisches Geschöpf aus der Feder des Satirezeichners Wilhelm Busch (wer sich erinnert, die Gute stirbt bei einem Unfall im Alkoholrausch). Nicht weniger Ruhm als die Helene aus dem Buche verdient aber das **Gasthaus Fromme Helene** [13] an der Ecke Josefstädter Straße / Lange Gasse. Gute Wiener Küche trifft hier auf gemütlich-stilvolles Ambiente und illustre Kundschaft, zu der zahlreiche Schauspieler zählen. Besonders nett ist auch der Gastgarten, eine lauschige grüne Oase im Innenhof des traditionsreichen Gebäudes.

G'SCHICHTEN AUS DER LANGE GASSE

Theaterkenner genießen den Abschnitt Josefstädter Straße bis Josefsgasse doppelt. Zumindest, wenn sie Ödön von Horváths tragikomisches Stück „G'schichten aus dem Wienerwald" kennen und die darin vorkommende „stille Gasse" korrekt als die Lange Gasse identifizieren. Sogar die Häuser von damals stehen noch. So etwa das gelb gestrichene Haus Nummer 29 mit seinem schwarzen Gitter-Balkon. Es ist der Balkon des Zauberkönigs, dessen Tochter Marianne im Mittelpunkt des Stückes steht. Horváth kannte sich nicht zufällig so gut in der Gegend aus: Er wohnte nur wenige Gehminuten entfernt, erst in der Piaristengasse, dann im Hotel Zipser in der Lange Gasse.

SPÄTE EHRUNG

Wo sich Lange Gasse und Josefsgasse schneiden, befindet sich ein kleiner Platz mit Baum, Bankerl und Litfaßsäule - der **Hugo-Bettauer-Platz**🔟. Benannt ist er nach dem Journalisten und Schriftsteller Hugo Bettauer, der in den 1920er Jahren mit seinen sozialkritischen Romanen und aufkläreri-

Mosaik von Josef Seger

schen Zeitschriften für Aufregung sorgte. Seine Redaktion befand sich in der Lange Gasse. 1925 wurde er hier von einem Nationalsozialisten erschossen - der Mörder kam beinah ungestraft davon. Erst im Jahr 2010 wurde Bettauer durch die Benennung des Platzes späte Ehre zuteil, auch eine Gedenktafel wurde angebracht.

Sehenswert am Hugo-Bettauer-Platz ist aber auch ein Kunstwerk, das Eulen-Fans erfreuen wird. Direkt an der Fassade des Baus Lange Gasse 21-23 prangt ein von Josef Seger geschaffenes Mosaik, das drei Exemplare der intelligenten Nachtvögel zeigt.

WO FUCHS UND EULE SICH GUTE NACHT SAGEN

Weiter geht es mit den Eulen - und zwar bei **Esca**[15] in der Lange Gasse 19. Wer allgemein eine Schwäche für Waldtiere und kunstvoll gestaltete Märchenmotive hat, sollte hier vorbeischauen. Der Designerladen, der übrigens von zwei Geschwistern betrieben wird, besticht mit liebevoll und präzise bedruckten T-Shirts, Kleidern, Schmuck und Accessoires. Ob Eule, Fuchs, Luchs, freundlicher Blaubart, Oktopus mit Schnurrbart, Schlingpflanze oder Grinsekatze - die Ideen für coole Prints scheinen hier niemals zu versiegen.

TAPAS, ONCE AGAIN!

Wir sind nun schon eine ganze Weile unterwegs, und langsam ist ein Ende der Lange Gasse absehbar. Wie wäre es nun, sich noch einmal kulinarisch zu stärken? Eine gute Möglichkeit dazu bietet die **Taquería los Mexikas**[16], das zweite Tapas-Lokal auf unserem Weg, diesmal mit mexikanischem Einschlag. Rustikal, bunt und atmosphärisch wirkt der Innenraum, und wir fühlen uns sofort wohl.

DURCH DAS HAUS AUS DEM ACHTEN HINAUS

Weiter geht es in die ruhige untere Lange Gasse, die in die breite Lerchenfelder Straße mündet. Wir überqueren sie und finden - zur Krönung des Tages - einen architektonischen Schatz: Das **Durchhaus Lerchenfelder Straße 13**[17]. Wer

diesen Weg einschlägt, gelangt durch drei idyllische Innen-
höfe mitten in den Siebenten und entdeckt dabei allerlei
Interessantes. Aber mehr davon später, für heute ist Schluss.
Immerhin: Auch unsere nächsten Spaziergänge stecken
voller Genuss!

Dieser Spaziergang entstand im Rahmen des Projekts „Cross your borough"
in Kooperation mit der IG Kaufleute Lerchenfelder Straße, der IG Kaufleute
Josefstädter Straße, der IG Kaufleute Alser Straße und der Lebendigen Lerchenfelder Straße.

Gefördert aus Mitteln der Stadt Wien durch die Wirtschaftsagentur Wien. Ein
Fonds der Stadt Wien.

**Ein Fonds der
Stadt Wien**

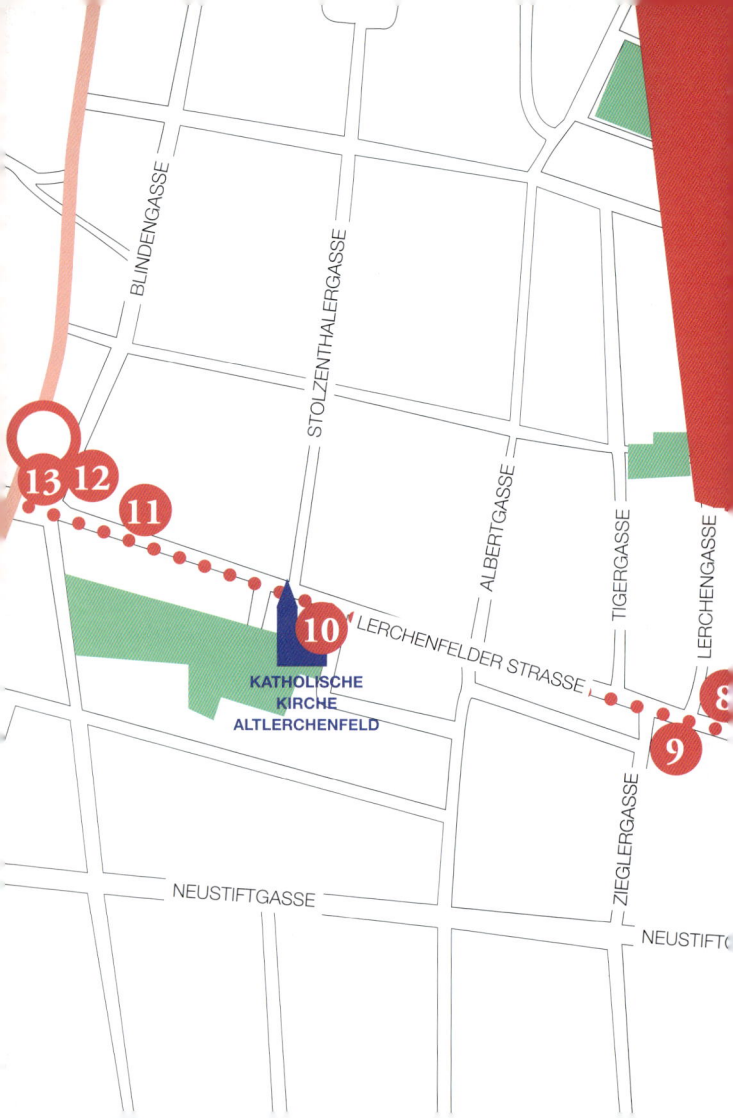

BLINDENGASSE

STOLZENTHALERGASSE

ALBERTGASSE

TIGERGASSE

LERCHENGASSE

ZIEGLERGASSE

LERCHENFELDER STRASSE

**KATHOLISCHE
KIRCHE
ALTLERCHENFELD**

NEUSTIFTGASSE

NEUSTIFT

13 12 11 10 9 8

DIE TOUR FÜR LESERATTEN

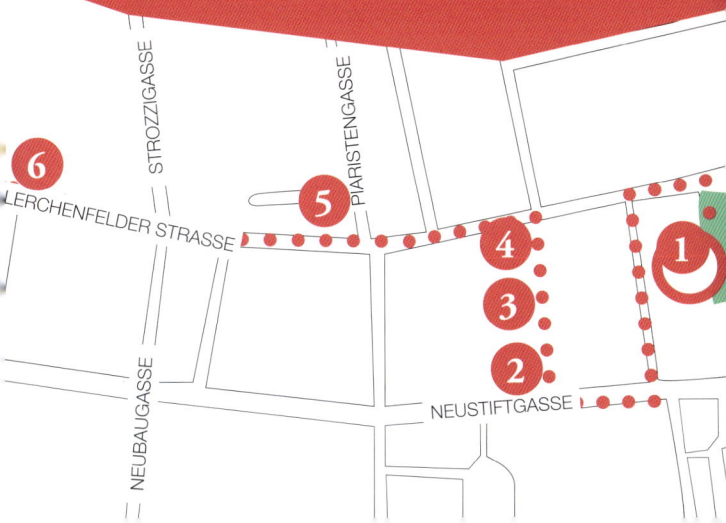

DIE TOUR FÜR LESERATTEN

Hinein in die Lerchenfelder Straße, hinein in den Buchladen, hinein in eine Traumwelt. Von oben bis unten kann man die Lerchenfelder Straße abklappern und von einem Buchladen in den nächsten wandern. Zum Schmökern, Blättern und Einkaufen. Sehr charmant und sehr persönlich - unser Weg führt uns in den Bücherhimmel!

FREIWILLIGER START

Unser Literaturspaziergang beginnt mit einer Stärkung im siebenten Bezirk. Entweder mit einem Frühstück im **25Hours Hotel**[1] oder aber man beginnt die Tour nach einem Mittagessen im Klosterlokal **Kristians Monastirl**[2] in der Neustiftgasse 16. Dort befinden wir uns nämlich sogar schon am idealen Startpunkt. Im historischen und absolut freiwilligen Durchgang von der Neustiftgasse 16 zur Lerchenfelder Straße 13. Dieses Durchhaus wurde zwischen 1848 und 1856 errichtet und der Inhaber hat damals ganz großzügig auch dem gemeinen Volk erlaubt, seine Passage zu durchqueren.

Heute beheimatet es Apartments, Büros, Restaurants und Cafés, wie zum Beispiel auch unser folgendes Ziel: das **Café Kandinsky**[3] Aber nicht nur Kaffee und Süßes kann man sich gönnen, sondern auch Kunstwerke bestaunen ist hier möglich. Das Kandinsky ist sowohl Café als auch Galerie und beheimatet in regelmäßigen Abständen neue Ausstellungen. Falls man unsere Tour nicht zu Fuß, sondern am Rad absolvieren möchte, dann ist ein Stopp im **citybiker**❹ vielleicht auch nicht verkehrt. Reparaturen, Neuräder, Beratung - alles rund ums Rad!

GRENZGÄNGER

Unser Weg führt uns nun auch freiwillig wieder raus aus dem Durchgang und schnurstracks auf die andere Straßenseite. Denn die Lerchenfelder Straße dient als Grenzstraße zwischen siebenten und achten Bezirk und wir wollen uns schließlich auf unsere Josefstadt konzentrieren.

Wir gehen also auf der rechten Straßenseite und wandern bis zur Kreuzung Piaristengasse, wo uns ein Geschäft für alte und neue Bücher, Papierzeugs und allerlei schöne Dinge erwartet. Schon von außen sehen wir die Kisten und Regale gefüllt mit Schmöckerware. **Alles Buch**❺ wird der ansprechende Laden im neuen Design genannt und verbirgt Schätze und Buchseiten, die es wert sind aufgeschlagen zu werden.

DAS TRAUTE BUCH

Es ist eine Literaturreise, auf der wir uns befinden - die nächste Buchhandlung ist also nicht weit. **Buchhandlung Lerchenfeld**❻ heißt sie passender Weise und hier gibt's neben Büchern außerdem eine erwähnenswerte Bob Dylan Sammlung. Einmal im Monat findet hier auch ein Lesezirkel statt, bei dem verschiedene Bücher diskutiert werden.

Bei der Hausnummer 54 erwartet uns das Büro von den **Hochzeitsplanern**. Wer also bald unter der Haube stehen wird, kann sich von diesen Leuten von Location bis Kinderbetreuung alles rund um den großen Tag organisieren lassen. Wie praktisch - damit bleibt mehr Zeit, um den nächsten Buchladen zu finden. Eh klar.

Die **Buchhandlung Stöhr** in der Lerchenfelder Straße 78-80 ist aber ganz anders als die anderen beiden Buchhandlungen, die wir schon kennengelernt haben. Seit der Gründung 1978 ist dieser Laden auf Militärgeschichte spezialisiert und somit findet man Literatur zur Türkenbelagerung genauso wie zu Militäruniformen oder Streifzüge im Mittelalter.

Hausmair´s Gaststätte

EIN ABSTECHER

Hausmair's Gaststätte[9] zieht uns so verlockend hinüber, dass wir nicht widerstehen können. Ein Beisl vom Feinsten und genau richtig für eine kleine Pause zwischen all den Büchern und Antiquitäten. Und weil wir uns doch wohlfühlen hier auf der 1070 Seite der Lerchenfelder Straße, bleiben wir noch ein bisschen länger und schauen uns auch die **katholische Kirche Altlerchenfeld**[10] in der Mentergasse an. Unübersehbar und sowohl von außen als auch von innen ein wahres Prachtstück.

STÄRKUNG FÜR'S GEMÜT

Im **Pars**[11] in der Lerchenfelder Straße 148 kehren wir noch einmal ein und lassen uns mit persischen Spezialitäten verwöhnen. Bevor wir aber dann den Gürtel erreichen, biegen wir rechts ab und finden das **La Trouvaille**[12] in der Blindengasse 2. Hier gibt es - wer hätte es gedacht - Bücher, aber vor allem und viel passender am Ende einer solchen Tour auch eine hervorragende Auswahl an Weinen. Nun kann man den Abend also entweder mit einem Glas Rotwein und einem heute ergatterten Buch beenden, oder aber man wagt noch einen letzten Besuch im **Ilano**[13]. Gleich gegenüber des La Trouvaille befindet sich diese Bar, wo man bei einem abendlichen Bier auch noch eine Runde Billiard spielen kann. Welchen Weg auch immer man wählt, die U-Bahn Station Josefstädter Straße ist gleich nebenan und von dort aus schaffen wir es früher oder später bestimmt nach Hause.

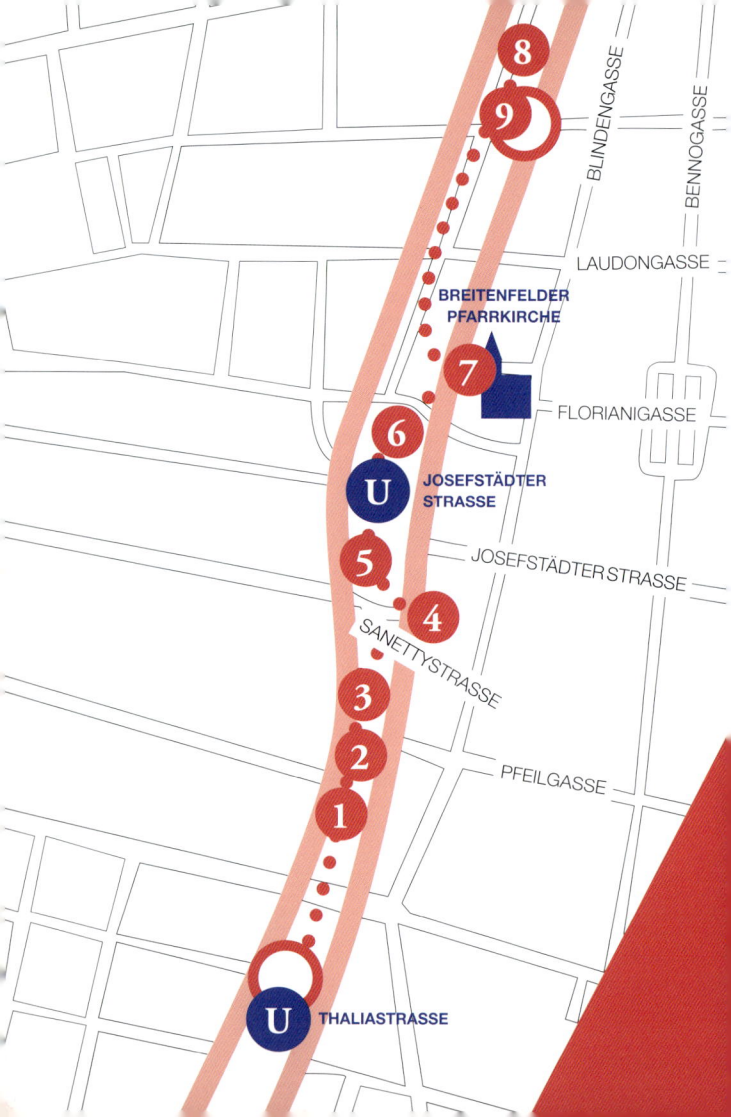

BLINDENGASSE

BENNOGASSE

LAUDONGASSE

**BREITENFELDER
PFARRKIRCHE**

FLORIANIGASSE

U

**JOSEFSTÄDTER
STRASSE**

JOSEFSTÄDTER STRASSE

SANETTYSTRASSE

PFEILGASSE

U THALIASTRASSE

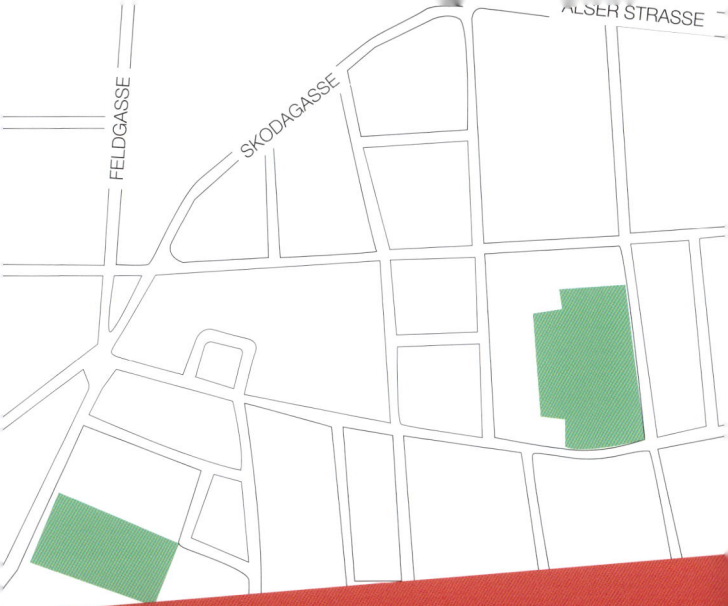

STADTBAHNBÖGEN

1. GÜRTELBRÄU Stadtbahnbogen 24-25
2. LOOP Stadtbahnbogen 26-27
3. CHELSEA Stadtbahnbogen 29-32
4. PIZZERIA LA CINTURA Sanettystraße 4
5. RHIZ Stadtbahnbogen 37-38
6. CAFÉ CARINA Stadtbahnbogen 37-38
7. BREITENFELDER PFARRKIRCHE Florianigasse 70
8. B72 Stadtbahnbogen 72
9. NOX Stadtbahnbögen 70/71

STADTBAHNBÖGEN

BEVOR ES LOSGEHT

Wo der Gürtel den 16. und 17. Bezirk auf der einen und den 8. Bezirk auf der anderen Seite trennt, dort befinden sich die stadtbekannten Stadtbahnbögen. Ein sehr langweiliger, funktioneller Name für etwas so spannendes. Die Viadukte der ehemaligen Stadtbahn beziehungsweise der heute wahnsinnig beliebten U6 beherbergen allerhand Sehenswertes.

Architekt Otto Wagner hatte damals wohl noch nicht den Plan eine Lokalmeile zu erschaffen, wo es zum Trinken, zum Essen und zum Konzerte anschaun alles gibt, was der nächtliche Wien-Besucher so braucht. Zu dem, was die Stadtbahnbögen heute sind, haben sie sich nämlich erst durch eine Initiative der Stadt Wien in den 1990er Jahren entwickelt. Vorher fand man hier Wiens Rotlichtviertel.

LOS GEHT'S!

Der Weg ist zwar kurz, aber extrem fordernd, wenn man die vielen Lokale alle besucht und womöglich braucht man sogar mehr als nur einen Abend dafür. Kein Problem haben wir uns gedacht und das mal ausprobiert.

Wir steigen bei der Station Thaliastraße aus und nehmen den Ausgang, der uns Richtung Lerchenfelder Straße führt.

Auf dieser Seite befindet sich nämlich der achte Bezirk und den wollen wir uns genauer anschauen.

Lage: Wir brauchen eine Unterlage!

Wir beginnen also zu gehen. In Richtung Norden - Dort befindet sich unser erster Stopp, bei dem wir für einen ordentlich gefüllten Magen sorgen, bevor der Streifzug weitergeht. Im **Gürtelbräu**[1] gibt's deftige Hausmannskost - Grillteller, Chicken Wings, Holzfällernockerl - und Bier. Die perfekten Angebote, um einen ausgiebigen, langen Abend zu verbringen eben. Wer schon besonders früh anfangen will: zwischen 15:00 und 17:00 Uhr ist Bier Happy Hour!

COCKTAILS, TANZ UND LIVE-MUSIK

Von der einen Happy Hour kann man auch gleich in die nächste wechseln und diesmal aber statt Bier Cocktails trinken - das geht im **Loop**[2] gleich nebenan besonders gut und ist meist auch mit Live-Musik verbunden. Aber ganz so lange bleiben wir nicht, denn schon ruft das **Chelsea**[3] nach Gästen. In den Stadtbahnbögen 29-32 finden wir dieses einzigartige Lokal, das als erstes die Stadtbahnbögen belebte. Neben der Live Musik wird hier aber vor allem auch Fußball gezeigt - es lohnt sich also für die wichtigen Fußball-Ereignisse schon früh da zu sein, einen guten Platz zu ergattern und dann später auf die Tanzfläche zu stürmen. Oder einfach weiterzuziehen.

ANS ANDERE UFER UND SCHNELL WIEDER ZURÜCK

Weiter ziehen wir auf jeden Fall, denn nicht allzu weit vom Chelsea findet man auch die **Pizzeria La Cintura**❹. Und obwohl diese auf der anderen Straßenseite in der Sanetty-straße liegt, wagen wir es, kurz die Straße zu überqueren und eine der Riesenpizzen zu verdrücken. Lange bleiben wir auch hier nicht, denn das La Cintura ist heißgeliebt für die Pizzen, die Einrichtung an sich fühlt sich dafür nicht allzu einladend an.

Schnell zurück zu den Stadtbahnbögen also und weiter ins **rhiz**❺. Auch hier läuft Live- Musik. Ähnlich wie das Chelsea, wo wir schon waren - nur ohne Fußball. Manchmal finden auch Poetry-Slams statt - egal was, es ist definitv immer etwas los.

DIE BERÜCHTIGTE STATION

Da sind wir nun also, an der achso beliebten Station Josef-städter Straße. Hier kann man es sich aussuchen: Kebap, Käsekrainer oder vielleicht doch lieber **Café Carina**❻. Das Nachtlokal trägt zwar den Namen Café ist aber bis in die frühen Morgenstunden geöffnet. Sehr praktisch, falls wir auf unserer Tour nochmal zurückkommen wollen. Diese U-Bahn Station hat sich aber leider nicht durch das Café einen Namen gemacht, sondern hauptsächlich durch so manche zwielichtige Gestalten, die sich sehr gerne hier tummeln.

EIN GEDIEGENER ABSCHLUSS UND EIN FULMINANTES ENDE

Na gut, es geht weiter und das Ende naht. Da man in solchen Stunden schon auch mal andächtig wird, könnte man an dieser Stelle einen Abstecher zur **Breitenfelder Pfarrkirche**[7] in der Florianigasse wagen, die sich nicht weit vom Gürtel befindet. Aber wahrscheinlich kann man es zu diesem Zeitpunkt kaum mehr erwarten zu dem einzigartigen Konzert im **B72**[8] zu gehen, für das man schon seit einem halben Jahr die Karten hat. Hier spielen nämlich Alternative- und Indie-Künstler, die vielleicht noch nicht jeder kennt. Und wenn man besagte Karten nicht mehr ergattert hat, dann nimmt man die nächste Tür und betritt das **NOX**[9], das nicht nur bis 6:00 Uhr morgens geöffnet hat, sondern auch gute Musik bietet.

Ausgetanzt und ausgefeiert, kann man sich nun entweder eines der immer anwesenden Taxis rufen oder einfach zur U-Bahn Station Alser Straße vorgehen, bei der man glücklicherweise sogar noch einen McDonald's fürs Frühstück findet. Aber das ist schon wieder eine ganz neu(nt)e Geschichte.